Droit de cité

Du même auteur

Vie urbaine et proximité à l'heure du Covid-19, livre numérique traduit en cinq langues, Éditions de l'Observatoire, coll. « Et après ? », 2020.

Carlos Moreno

Droit de cité

De la « ville-monde » à la « ville du quart d'heure »

ISBN : 979-10-329-1705-3
Dépôt légal : 2020, novembre
3e tirage : 2023, novembre

170 *bis*, boulevard du Montparnasse, 75014 Paris

Préface

Ce livre est novateur et porteur d'espoir pour l'avenir de la ville.

Selon Carlos Moreno, le droit à la ville est celui de vivre dans une ville. Qu'implique cette déclaration apparemment simple ? Fondamentalement, il nous demande de dissocier la densité et la distance. La densité est la vertu de la ville ; la distance est son vice.

La densité assure aux agglomérations des retombées en termes d'économie et d'innovation : des synergies résultent d'un ensemble dense d'acteurs en concurrence et en collaboration ; le tout devient plus grand que la somme de ses parties. La densité signifie que des personnes différentes sont ensemble physiquement, stimulées par leur présence mutuelle. Et la densité est la condition préalable à la démocratie ; tout comme dans l'agora ancienne, les habitants de la ville moderne doivent être concentrés en un même lieu afin de pouvoir se consacrer à l'argumentation et au débat.

La distance est le vice de la ville. Plus une ville est étendue et séparée, plus les inégalités augmentent ; les riches ont l'opportunité de territorialiser leur pouvoir, de l'homogénéiser et de le concentrer, tandis que les quartiers pauvres sont négligés ou balayés systématiquement. Parce que la distance sépare les classes, les races et les cultures dans l'espace, elle renforce les identités fixes. Dans l'isolement, les gens vivent là où ils « appartiennent » ; ils ne sont pas libres d'échapper à leur classification.

Dans la ville moderne, la densité a été subordonnée à la distance. Carlos Moreno propose d'inverser cette relation. Ses propositions pour la « ville du quart d'heure », par exemple, concernent plus que l'accès des piétons ou des cyclistes ; elles veulent inverser radicalement la configuration du pouvoir dans la ville du futur – en décentralisant la densité, en la rendant plus juste.

La ville moderne est confrontée à des défis sur de multiples fronts ; ceux-ci sont trop complexes pour être abordés avec une seule recette de changement et de croissance. Toutefois, cet ouvrage mesure l'ampleur de ces problèmes en termes fondamentaux et humains : l'expérience d'être dans une ville consiste à vivre à l'intérieur de ses complexités, plutôt que de chercher à s'en échapper.

Richard Sennett
London School of Economics
Chair of Council on Urban Initiatives, UN-Habitat

Introduction

Droit de cité, droit d'exister

Je veux rendre hommage au penseur universel, le quasi centenaire Edgar Morin, qui a illuminé mon parcours. En septembre 2018, en préparation d'un séminaire sur la fabrique de la ville[1], j'ai eu l'honneur d'enregistrer à Paris ses propos sur la complexité et la vie urbaine, qui sont restés inédits.

Avec son accord, je commence donc par ces mots, qui résument la problématique que je me propose de traiter dans ce livre :

> « Le propre d'une connaissance et d'une pensée complexe, est qu'elles nécessitent de relier des connaissances qui sont aujourd'hui séparées et compartimentées. C'est de savoir comment les relier et c'est là tout le problème. Nous avons une première exigence, qui est la contextualisation ; il faut comprendre la ville dans son complexe territorial spécifique et aussi dans son contexte plus large, qui est national et aujourd'hui planétaire puisque les villes, les grandes villes, sont en interconnexion les unes aux autres par des moyens de communication immédiats.

1. « Fabrication des villes de demain : méthode d'approche d'un territoire dans sa complexité urbaine », Association « Rêves de Scènes Urbaines », chaire ETI-Université Paris I Panthéon-Sorbonne, IAE de Paris, Maison des Sciences de l'Homme du Nord, 14 septembre 2018.

Parce qu'actuellement la tendance dominante est la pensée réductrice, on réduit la ville uniquement à des questions d'architecture, d'urbanisme et de circulation. Il ne s'agit pas de réduire le problème humain à ces facteurs, il faut la voir dans tous ses aspects. Et le propre de la ville, c'est de considérer l'ensemble des caractères positifs et négatifs de la vie urbaine. Ce ne sont pas seulement des interactions, ce sont des ensembles de rétroaction. De même, on peut dire que chaque individu est non seulement dans la société, mais que la société est en lui. Et non seulement, nous sommes dans la ville mais la ville est en nous, la ville est à l'intérieur de nous. Il faut affronter des exigences contraires et notamment dans les villes. Il faut savoir les affronter. Il ne suffit pas de dire qu'il faut relier les choses entre elles. Bien sûr, il faut une méthode. Cette méthode ne s'improvise pas. J'ai consacré plusieurs années d'efforts à cette méthode de complexité. Ce sont quelques-uns des principes qu'il faut intégrer dans son esprit pour pouvoir considérer les problèmes et notamment les problèmes urbains. »

Les villes, sous de multiples formes, hébergent aujourd'hui la majorité de la population dans le monde. Liant les hommes à leurs lieux de vie, elles sont les témoins d'une épopée permanente qui raconte mieux que personne l'humanité. Dès le Ve millénaire av. J.-C. apparaissent des traces de regroupements humains ayant développé planification et organisation : en Mésopotamie, autour du Nil, du Jourdain, du Gange et dans la vallée de l'Indus, sur les rives du Balkh-Âb, du fleuve Jaune ou dans la vallée de Mexico, en Étrurie[1]

1. Parmi les premiers regroupements : Uruk, Ur, Babylone, Memphis, Scythopolis et la Décapole, Varanasi, Harappa, Balkh, Tch'ou, Teotihuacan, la Dodécapole étrusque.

et, par la suite, dans les lieux fondateurs d'une certaine idée de la « ville » : Rome et la Grèce antique.

La naissance des villes[1] restera toujours liée à l'émergence de l'agriculture, dans une dualité complexe du territoire et de son espace urbain avec son écosystème. À leur origine se trouve la sédentarisation, avec les cultures agricoles, les excédents de production et de nouvelles fonctions sociales nées de la division du travail : l'artisanat producteur, le commerce pour les échanges, l'administration pour la régulation, les militaires pour l'ordre et la défense du territoire et le fait religieux pour la transcendance de l'esprit.

Du mot latin *villa*, l'étymologie de « ville » nous renvoie à l'incarnation physique de la « maison de campagne, ferme » qui, aux Ve et VIe siècles, constituait un regroupement à partir de 50 bâtiments installés à proximité les uns des autres. De la « villa », du « village » à la « ville » moderne, nous nous questionnerons dans ce texte sur les évolutions des motivations et des formes prises, à la suite de cette volonté de partager un territoire et ses ressources. Dans la Grèce antique, partager un territoire était avant tout partager un projet commun avec des règles de vie communes et un mode de vie collectif défini. Ce partage était associé à un lieu, à un projet humain concret dans une organisation sociale précise. C'est la *polis*, la « cité », de son étymologie latine *civitas*. Elle concerne non pas le lieu physique d'agrégation, mais une communauté d'« animaux politiques », comme les avait baptisés Aristote dans *La Politique*, associés librement pour « bien vivre » et de manière autonome.

La *polis* et ses animaux politiques sont réunis autour de règles de vie communes, soudés par la recherche de la

1. Charles Delfante, *Grande histoire mondiale de la ville, de la Mésopotamie aux États-Unis*, Armand Colin, 1997.

perfection et animés par des vertus comme par exemple la justice. Ce sont des citoyens qui participent à une consolidation politique, celle du « vivre ensemble », en respectant des codes et des lois, concrétisant leur appartenance à la cité en tant que citoyens : « Cette fin des êtres est pour eux le premier des biens ; et se suffire à soi-même est à la fois un but et un bonheur[1]. » Cette *polis* est incarnée dans un lieu, mais la cité n'existe ni par son territoire, ni par sa géographie, aussi fondatrices soient-elles, à l'instar d'Athènes ou de Sparte. Elle existe par la présence des êtres pensants et dotés de la parole qui ont accepté librement, dans un espace commun, de partager des règles de vie et Aristote nous le rappelle : « Si l'homme est infiniment plus sociable que les abeilles et tous les autres animaux qui vivent en troupe, c'est évidemment que la nature ne fait rien en vain. Or, elle accorde la parole à l'homme exclusivement. La voix peut bien exprimer la joie et la douleur ; aussi ne manque-t-elle pas aux autres animaux, parce que leur organisation va jusqu'à ressentir ces deux affections et à se le communiquer. Mais la parole est faite pour exprimer le bien et le mal, et, par suite aussi, le juste et l'injuste… » Ainsi parle-t-on de la « cité des Athéniens » ou de la « cité des Lacédémoniens » – pour les habitants de Sparte –, ce qui représente un mode de vie dépassant la « ville » et son étymologie d'origine, les lieux, les maisons et la présence physique.

De la « villa » à la « cité », cette dialectique est toujours présente dans nos vies au XXIe siècle, le siècle des villes et de l'hyper-connectivité. Petites, moyennes et grandes, conurbations, métropoles et hyper-métropoles nous interrogent en permanence sur la qualité des liens

1. Aristote, *La Politique*.

entre l'espace urbain, le territoire, son écosystème, et la forme de la ville, ses règles de vie, codes et usages.

Il y a un peu plus de cinq cents ans, Thomas More a imaginé et décrit[1] un territoire, une ville, avec un mode de vie parfait, ayant minutieusement défini chacune de ses composantes, de ses règles, chacun de ses usages. Cette perfection se situait sur une île, qui était en réalité un non-lieu, n'existant nulle part, et qui dans la négation du grec, *topos*[2], était le nom, Utopos, du chef romain au cœur de cet ouvrage, devenu universellement connu comme *L'Utopie*. L'invention de ce mot associé pour toujours à ce livre a porté cette idée qui a traversé l'histoire d'une forme de vie paisible, où lieu de vie, travail, repos et plaisirs s'équilibrent, où la fraternité règne, où les hommes croient dans les dieux de leur choix, en vivant libres et en harmonie avec la nature. Il décrit aussi les limites et les faiblesses de la nature humaine, honnit les guerres, préconise la transparence ainsi que la punition pour ceux qui commettent des crimes et émet le souhait d'une société idéale, bâtie par l'homme au service des hommes. Mais, hélas, les réalisations humaines ont aussi engendré leur contraire, la dystopie, quand le rêve devient un cauchemar, un univers bien lointain, antinomique, de ce que l'humaniste Thomas More[3] avait pu imaginer pour son île.

---

1. Thomas More, *De optimo Reipublicae statu deque nova insula Utopia libellus vere aureus, nec minus salutaris quam festivus*, *Du meilleur état de la chose publique et de l'île nouvelle d'Utopie, un précieux petit livre non moins salutaire que plaisant*, Louvain, 1516.

2. « Lieu ».

3. Voir Carlos Moreno, « 500 ans après la publication d'*Utopie*, hommage à Thomas More », *La Tribune*, 21 décembre 2016 ; https://www.latribune.fr/regions/smart-cities/la-tribune-de-carlos-moreno/500-ans-apres-la-publication-de-utopie-hommage-a-thomas-more-625743.html

La frontière d'un monde se balançant sans cesse entre utopie et dystopie est bien mince, tant le monde possède en lui de contradictions. Portés par le « droit à la ville », théorisé par Henri Lefebvre, nombre de conflits s'expriment par l'exigence d'un logement digne dans des sociétés urbaines segmentées socialement et spatialement. La ville de l'après-guerre s'est développée dans un contexte de productivisme, avec son lot d'avancées technologiques qui l'ont désincarnée, amenant une grande partie de ses habitants dans une grande difficulté à vivre dignement. À l'heure du Covid-19, quand la pauvreté touche encore davantage les plus faibles et que la crise économique alourdit les phénomènes d'exclusion, nous nous interrogeons sur notre devenir. Dans cette décennie d'hyper-connectivité, comment éviter de sombrer dans une dystopie dramatique et comment réussir à retrouver le chemin d'une vie urbaine équilibrée écologiquement, socialement et économiquement ? Comment obtenir une ville pour tous ?

Dans la Rome antique, le « droit de cité », le *jus civitatis*, c'est avant tout la reconnaissance de la citoyenneté, d'abord réservée aux hommes libres. L'extension de cette citoyenneté fut un vecteur puissant d'attraction. Elle exprimait la jouissance de droits qui sont devenus par la suite, dans le droit civil, l'essentiel des droits civiques attribués pour, en tant que citoyen, appartenir à un territoire et à une communauté lui ayant accordé sa reconnaissance. « Avoir le droit de cité » est devenu une expression du langage courant, synonyme d'une acceptation, d'être admis quelque part. C'est bien le cœur de ce livre. Entre la naissance des villes, l'explosion du phénomène urbain, des villes-monde aux hyper-régions, comment retrouver ce qui nous est le plus cher, vivre notre humanité et en être dignes ? Que faire de cette vision exposée par certains qui, à l'horizon 2050, nous prédisent un monde partagé entre humains, robots, intelligences artificielles au gré de leurs hybridations ?

À l'image de *Metropolis*, *1984*, *Alphaville*, *Brazil*, *Blade Runner*, pour ne citer que quelques-uns des films qui ont traversé l'histoire du cinéma, la dystopie urbaine reste un sujet particulièrement riche. Elle se voit aujourd'hui « augmentée » par la puissance de la technologie, la biogénétique et l'intelligence artificielle. La vie urbaine constitue désormais un défi pour les six milliards d'urbains à l'horizon de 2050. Mais serons-nous capables de bâtir une ville et une vie urbaine, humaine, durable et socialement inclusive, avec la technologie au service de notre qualité de vie ? Serons-nous en capacité de contrer les conséquences du changement climatique, d'assurer la protection de la biodiversité, menacée aujourd'hui d'extinction ? Comment retrouver le partage de nos communs ? Comment construire une ville dans laquelle l'écologie serait avant tout un humanisme, l'économie, une source de partage, et l'inclusion sociale, une réalité ?

Autant de questions que ce livre s'efforce d'aborder sans détour. J'ai la conviction qu'une bonne partie de la réponse viendra de notre capacité à éduquer, à diffuser une culture urbaine basée sur l'altruisme, à développer de nouvelles urbanités, à transformer nos modes de vie, de consommation, de production et à miser sur les neurones des hommes pour mieux maîtriser les neurones artificiels.

1

Ville vivante

La ville hier, aujourd'hui et demain : un lieu de vie

Dans un texte magnifique datant de 1972, Italo Calvino nous parle des « villes invisibles » et de leurs multiples facettes[1]. Il nous interroge sur ces villes qui se dissimulent, faisant référence aux rapports avec la mémoire, le regard, le nom, les signes, les échanges, le ciel et les morts. Il nous parle de villes continues, effilées, mystérieuses... La mémoire des lieux nous est à tous familière et nous accompagne tout au long de notre vie.

Je suis le fils d'un paysan de la cordillère des Andes exproprié de ses terres, comme des millions d'autres, devenus urbains malgré eux. La création de ces vastes *latifundios*[2] asservissant les anciens petits propriétaires a engendré les mouvements forcés de ces paysans, sans terre, partis chercher, dans les centres urbains alors en émergence, un mode de vie meilleur ou seulement une chance de survivre. Ainsi, je suis né urbain, à la fin des années 1950, héritier d'un amour des lieux, de la terre-mère nourricière et du respect de ses cycles

1. Italo Calvino, *Les Villes invisibles* [1972], Seuil, 1974.

2. Grande propriété de quelques centaines à des dizaines de milliers d'hectares, faiblement mise en valeur, souvent consacrée à l'élevage.

naturels empreints de leur propre cosmogonie. Cette dichotomie a toujours été présente dans ma vie, comme dans celle de centaines de millions d'autres urbains qui ont vu cette bascule se produire.

Dans un pays à dominante rurale, un continent traversé par les mouvements des sans-terre et les conflits permanents, une transformation radicale a eu lieu en à peine deux générations. Avec 70 % de ruraux à l'époque, des guérillas présentes dans les montagnes et des conflits agraires très violents, le continent latino-américain est devenu le plus urbanisé du monde, comptant actuellement 80 % de citadins. Si partout les guérillas sont devenues obsolètes, c'est avant tout du fait de la disparition progressive d'un monde. Celui d'une économie dominée par la ruralité qui a laissé place à un monde urbain, d'abord industrialisé et ensuite financiarisé et serviciel, transformant en profondeur les relations socio-économiques et les modes de vie. Ma passion s'est alors focalisée sur les villes qui dans le monde entier ont façonné notre manière de vivre. Arrivé en France à l'âge de 20 ans, déraciné, exilé[1], avec juste la mémoire de mes lieux d'origine en tête, j'ai commencé à explorer les différents continents. « Il vient à l'homme qui chevauche longtemps au travers de terrains sauvages le désir d'une ville », dit aussi Italo Calvino[2]. Cette phrase m'accompagne depuis dans ces explorations urbaines et territoriales.

L'homme en Europe, bâtisseur, qui durant des siècles et sur plusieurs générations construisit des cathédrales, a été mû par la recherche d'une communion harmonieuse

1. J'ai obtenu le statut de réfugié par l'Office français de protection des réfugiés et apatrides (Ofpra) en septembre 1979.

2. Italo Calvino, *Les Villes invisibles*, *op. cit.*

entre la maîtrise de l'art de la pierre, les mathématiques, la géométrie et une certaine idée de l'esprit religieux. Ma fascination pour les villes est portée par ce génie humain qui a cherché dans sa construction à bâtir des lieux pour vivre, s'exprimer, pour créer des codes, des règles et des modes de comportement. La reconstruction de l'Europe après la Seconde Guerre mondiale m'a toujours impressionné. Des États ont disparu, d'autres sont nés. Un monde venait de s'écrouler et un nouveau allait émerger de toutes ses ruines. Des villes ont été ravagées et leurs centres durement frappés.

Habitant dans un Paris épargné, j'avais été marqué par l'ampleur de la destruction de tant de villes en Europe – Berlin, détruite à 80 %, Dresde, Varsovie, Gdańsk, Londres... Parmi elles, Le Havre, qui a symbolisé, avec Auguste Perret, l'irruption du béton. En tant qu'architecte, il l'a utilisé pour reconstruire entièrement cette ville-port. « L'architecture s'empare de l'espace, le limite, le clôt, l'enferme. Elle a ce privilège de créer des lieux magiques, tout entiers œuvres de l'esprit[1] », disait-il, faisant du béton le matériau qu'il allait utiliser à profusion pour déployer son œuvre. Il a provoqué une rupture, avec une nouvelle manière de construire la ville. Mais ces ruptures, reconstructions, créations se sont opérées seulement sur quelques dizaines d'années par rapport à un cycle qui remonte à des siècles, voire à des millénaires. La ville résulte en réalité d'un très long processus, et cette contradiction intrinsèque, ce dialogue entre la mémoire des lieux et les nouvelles manières de la façonner constituent la source de ma curiosité permanente. Au cours de mes expériences du

1. Auguste Perret, *Contribution à une théorie de l'architecture*, Cercle d'études architecturales/André Wahl, 1952.

nord au sud et de l'est à l'ouest, et l'exploration d'un milieu trépidant qui abrite les 4 milliards de citadins que nous sommes, il m'est apparu que l'enjeu de la ville était de la redécouvrir pour mieux se la réapproprier.

En les arpentant apparaît ce que les « villes invisibles » d'Italo Calvino nous disent : chacune de nos villes possède une âme qui, comme un fil conducteur, a traversé les siècles. La ville sensorielle, affective, interactive, la ville en mouvement, offre aux habitants un autre regard, une autre expérience. Elle n'est plus seulement la ville où l'on travaille, celle où l'on dort... Retrouver la ville où l'on vit est finalement l'une des questions clés quand on souhaite aborder cette problématique de l'intelligence urbaine. C'est le cœur de la question : comment construire une ville pour tous avec l'amour des lieux en bandoulière ?

J'ai toujours récusé cette idée de parler de « *la* ville » avec ses corollaires très vite désincarnés et technocentrés, encore davantage après la révolution du numérique. La ville intelligente, numérique, connectée, existant par elle-même, sans aucune dépendance à rien ni personne, élude ce qui est essentiel pour la comprendre. Réduire l'existence de la ville à un seul point de vue, à une seule expertise, aussi clairvoyante soit-elle, a conduit à de désastreuses expériences. Présentée en 2010 comme le Graal de la ville par l'impact de la révolution numérique, la *smart city* a amené cette volonté de « copier-coller » des solutions technologiques, comme le fameux centre de monitoring de Rio de Janeiro[1]. Il était devenu à l'époque le lieu de pèlerinage de toute la

1. Clara Schreiner, « International Case Studies of Smart Cities. Rio de Janeiro, Brazil », Inter-American Development Bank, juin 2016 ; https://publications.iadb.org/publications/english/document/International-Case-Studies-of-Smart-Cities-Rio-de-Janeiro-Brazil.pdf

techno smart city mondiale. Aujourd'hui, dix ans plus tard, il est le symbole d'un échec cuisant. En effet, « *la* ville » ne peut exister si nous écartons les spécificités du « lieu », sur et avec lequel les hommes évoluent, sans comprendre les interdépendances complexes (selon la formule rimbaldienne[1]) entre ses flux, ses objets et ses systèmes, qu'ils soient administratifs, technologiques ou de toute autre nature. En réalité, l'homme s'est toujours approprié l'espace de manière créative par le biais de la technique, puis de la technologie. De la première ville recensée dans l'histoire de l'humanité, Ur, en Mésopotamie, 4 400 ans avant Jésus-Christ, en passant par les grandes civilisations égyptienne, grecque, romaine, amérindienne ou mongole, à l'histoire moderne, le rapport entre la maîtrise des techniques et la place de la technologie a été l'un des enjeux clés.

Arrêtons-nous un instant sur l'origine de ce que l'archéologue australien Gordon Childe a appelé en 1950 la « révolution urbaine[2] », en parlant de la cité d'Ur. Dans ce qui est aujourd'hui le sud de l'Irak, l'homme a bâti avec sa sédentarisation un nouveau mode de vie et surtout un autre regard sur le monde. Bien que son expression « révolution urbaine » ait été contestée par la suite, au-delà de la pratique d'une agriculture qui a changé les rapports avec la terre et la nature, ces humains, autrefois chasseurs, développèrent une culture nouvelle, celle des échanges, qui fut une nouvelle étape conduisant à cette première mutation : la naissance des villes.

---

1. « [...] et nous errions, nourris du vin des cavernes et du biscuit de la route, moi pressé de trouver le lieu et la formule. » (Arthur Rimbaud, *Les Illuminations*, extrait du poème *Vagabonds*.)

2. Gordon Childe, « The Urban Revolution », *The Town Planning Review*, n° 21, p. 3-17.

Mais la pièce maîtresse, le moteur du changement d'ère dans notre modernité de l'après-guerre, a été l'émergence des villes-monde, telle qu'anticipée par la sociologue Saskia Sassen en 1991[1]. Elles donnent lieu à une bascule des grands centres décisionnels, brouillant les anciens repères des pouvoirs étatiques, qui perdent de leur hégémonie au profit d'un pouvoir dilué et insaisissable. Il suffit de regarder l'évolution des cartes européennes siècle après siècle. Au début du XXe siècle, des empires la façonnent : l'Empire allemand et l'Empire austro-hongrois, et à ses portes l'Empire ottoman et l'Empire russe, ainsi que des monarchies et quelques républiques, dont la française. À l'issue de la Seconde Guerre mondiale, les empires ont disparu, des républiques ont émergé, avec une coupure idéologique et militaire en deux blocs, Est et Ouest. À la fin du XXe siècle, l'Allemagne s'est réunifiée et de nouveaux États sont nés dans les Balkans. Tout au long de cette période, les empires et les États ont changé, mais les villes ont continué à grandir, à se développer, à devenir des lieux d'attractivité, de création de valeur économique et de pouvoir.

Le lieu urbain, la « ville » et la formule « son territoire et son écosystème », pour reprendre cette expression littéraire de Rimbaud, sont venus signifier un changement de monde, posant des problèmes cruciaux de ressources et de qualité de vie dans ce XXIe siècle en danger. La technologie, venue apporter sa contribution dans cette rupture et cette hybridation, est aujourd'hui au cœur des transformations de nos modes de vie. Cette présence, y compris politique de la ville-monde chère à

1. Saskia Sassen, *The Global City. New York, London, Tokyo*, Princeton University Press, 1991.

Saskia Sassen, crée de nouvelles conditions de sensibilité, d'identité, d'appartenance, ainsi que des contraintes socio-économiques, culturelles et écologiques, avec des citoyens toujours plus exigeants vis-à-vis de leur gouvernance locale.

Prenons les cinq grandes zones urbaines du monde[1] :

– Tokyo, avec ses 37 millions d'habitants, est en même temps la préfecture la plus dense du Japon et l'ensemble de son bassin urbain représente 11 % de la population.

– Delhi a doublé sa taille en seulement vingt ans, de 1991 à 2011. Avec sa population métropolitaine de 27 millions d'habitants et un revenu *per capita* l'un des plus élevés de l'Inde, elle a attiré des centaines de milliers de migrants. À la fin de cette décennie, Delhi deviendra le bassin urbain le plus peuplé du monde.

– Shanghai a démarré son processus d'urbanisation dans les années 1980 lors de l'ouverture de la Chine. Ce fut une brutale transformation avec des constructions minérales qui ont totalement transformé son écosystème, induisant la perte de vastes zones de biodiversité, l'augmentation des températures et une pollution devenue endémique. Aujourd'hui, elle héberge 25 millions d'habitants.

– Lagos est la ville la plus peuplée du Nigeria et du continent africain. C'est un centre financier majeur pour toute l'Afrique. Cette mégalopole possède le quatrième PIB le plus élevé du continent et abrite l'un des ports maritimes les plus importants et les plus fréquentés. Avec ses quelque 21 millions d'habitants dans sa zone métropolitaine, Lagos est l'une des villes à la croissance la plus rapide au monde, dans un pays qui,

1. World Economic Forum (WEF) : https://www.weforum.org/

avec 190 millions d'habitants actuellement, abritera 410 millions d'habitants en 2050.

– São Paulo, mégalopole de l'Amérique latine de 21 millions d'habitants, représente 14 % de la population du Brésil et 25 % de son PIB. Sa croissance ayant eu lieu de manière informelle avec un développement chaotique, les favelas abritent, sur des collines ou dans des plaines inondables, la majeure partie de la population privée de l'accès aux services de base : eau et électricité. À titre de comparaison, le PIB de São Paulo est l'équivalent de celui de 4 305 villes brésiliennes[1].

Aujourd'hui, notre défi est de savoir comment participer, avec créativité et implication, à la transformation des villes pour les rendre plus vivables, plus vivantes, pour éviter leur désincarnation, pour que ce soit la qualité de vie qui prime avant tout exploit technologique. En 2020, la compréhension du lieu et de la formule « le territoire et son écosystème », composés de nouvelles mobilités, de nouvelles interactivités nées de la convergence des mondes physiques, numériques et sociaux, ne va pas de soi. De leur juste évaluation découlent les réponses à apporter pour faire émerger des expériences de sociabilité réaffirmées avec un nouveau partage des communs. La question essentielle est, à mon sens, de définir de quelle ville nous parlons et dans quelle ville nous voulons vivre, pour découvrir les possibles du monde de demain. L'ampleur des enjeux liés au phénomène urbain auxquels notre génération et les suivantes vont devoir faire face n'est plus à démontrer : réchauffement climatique, raréfaction des ressources, explosion

1. Enquête de l'Institut brésilien de géographie et de statistiques (IBGE), décembre 2019.

démographique, concentration urbaine, augmentation du nombre des mégalopoles, métropolisation du monde, nouvelles maladies urbaines, impact du numérique et des technologies. Les grandes villes attirent la richesse et génèrent aussi la pauvreté, bouleversant les équilibres territoriaux et économiques mondiaux. L'évolution de la situation des réfugiés de guerre et les tensions créées par leur devenir font partie des sujets difficiles mais présents en permanence. Nous le voyons en Europe avec la traversée de la Méditerranée et de la Manche et leurs impacts majeurs sur la vie politique et sociale.

Pour répondre aux besoins et aux attentes de leurs habitants, les espaces urbains, aux quatre coins du globe, doivent faire face à cinq défis : environnemental, social, économique, culturel et de résilience. Nos villes sont concernées par ces mêmes enjeux, aux conséquences variables pour l'écosystème urbain selon leur degré d'adaptation au changement climatique, leur capacité à intégrer nature et biodiversité, à combattre l'exclusion sociale et la pauvreté, à favoriser l'accès à l'éducation et à la culture, à créer de l'emploi et de la valeur, à se déplacer plus facilement, à offrir des services et de nouveaux usages, et à faire face aux crises qui ébranlent les fondations de nos cités. La liste est longue et les combats sont nombreux.

L'ancien maire de Denver, M. Wellington Webb, a prononcé en 2009, à la conférence des maires des États-Unis, une phrase inspirante résumant les enjeux urbains de l'humanité : « Le XIXe siècle était le siècle des empires, le XXe siècle celui des États-nations. Le XXIe siècle sera le siècle des villes. » En effet, dans quelques décennies, nos villes constitueront le cadre de vie de la quasi-totalité de l'humanité. C'est essentiellement dans la ville que le cycle de la vie des hommes se développe. De la naissance à la mort, le monde urbain est principalement l'univers, l'espace et le temps des humains.

Naître dans une ville constitue déjà une appartenance à une culture citadine, empreinte du rythme et du mode de vie des villes, métropoles, mégalopoles, de ces concentrations urbaines qui sont devenues des villes-monde. De l'enfance à l'adolescence, du passage à l'âge adulte au vieillissement, plusieurs univers de vie coexistent. Naître, grandir et vieillir au XXIe siècle dans des villes a changé profondément la nature des liens entre les humains. La ville transformée est à la fois sensorielle, sensible et à multiples visages. Malgré tout, elle doit rester vivante et le combat pour qu'elle soit respirable est un enjeu vital. Il nous faut trouver le fil d'Ariane qui nous guidera dans l'univers de l'humain et de l'esprit d'une vie urbaine saine et apaisée.

Mais le XXIe siècle est aussi le siècle de l'ubiquité. La massification de l'Internet porte cette image de la ville numérique pour souligner sa puissance sous ses multiples « e- » tels le e-gouvernement, la e-éducation, la e-santé, etc. La ville connectée, massivement maillée par les *smart devices*, la géolocalisation, l'Internet des objets, le big data et la présence de citoyens mobi- et omniconnectés, a profondément changé la relation de l'homme à la vie urbaine. Ainsi hybridé, l'humain vit dans une ville où ses repères ont changé de nature. Habiter, se déplacer, travailler, s'approvisionner, se soigner, se divertir, tout est désormais traversé par le numérique. L'homme aurait-il volé le feu de la création ? Ses créatures numériques, réelles ou virtuelles, auraient-elles réussi à le détacher de la réalité ? Le fait fondamental est qu'une nouvelle culture urbaine à l'ère de l'Internet des hommes et des objets est née. Elle génère de nouveaux usages et de nouvelles perceptions de la vie, interrogeant, à l'aune de nos mutations corporelles, sociétales, technologiques, l'existence de la véracité d'une frontière entre utopie, dystopie, imaginaire et réel.

Toutes ces questions trouvent du sens à la condition que la cité nous redonne de l'émotion, des sensations, du plaisir, que la mémoire de ce que nous fûmes vienne nourrir la construction de ce que nous serons, que les pierres anciennes nous parlent et que nous parlions avec elles, avec les nôtres, nos amis, nos voisins. Ces aspirations ont été résumées à mes yeux par un trait universel d'Edgar Morin lors d'un dialogue sublime avec Saskia Sassen : « Dire bonjour à quelqu'un, c'est lui dire : tu existes[1] ! »

S'intéresser à l'intelligence de la ville, c'est avant tout s'intéresser à son identité, à ses caractéristiques socio-économiques, culturelles, écologiques propres : mobilité, sécurité, logement social, enjeux énergétiques, foncier, réseaux, infrastructures, espaces publics, économie de proximité, culture, loisirs, fiscalité et attractivité. Les dix-sept objectifs de l'ONU du développement durable (ODD) pour l'avenir pointent très clairement, avec l'objectif n° 11, l'impact de la mutation urbaine dans la transformation de nos vies : « Faire en sorte que les villes et les établissements humains soient ouverts à tous, sûrs, résilients et durables[2]. » Il résume les enjeux considérables qui concernent notre planète. Portés par une vision à l'horizon 2030, ces objectifs seront

1. Débat avec Saskia Sassen et Edgar Morin, « L'éco-complexité de la Cité », *La Tribune* / Live in a Living City, 29 novembre 2015 ; https://www.youtube.com/watch?v=jH4yvYfe1Rc

2. http://www.un.org/sustainabledevelopment/fr/objectifs-de-developpement-durable/ ; https://www.undp.org/content/undp/fr/home/sustainable-development-goals/goal-11-sustainable-cities-and-communities.html

profondément amplifiés par les quatre défis que sont le changement climatique et le lien étroit avec l'activité humaine dans les villes ; une massive urbanisation qui bascule vers l'axe est-sud avec ses hyper-régions, ses mégalopoles et ses grandes métropoles ; la technologie qui traverse nos vies ; et enfin la pauvreté et l'exclusion comme expression des inégalités.

Le « Nouvel Agenda urbain » décidé à la conférence Habitat III, à Quito, en 2016, a mis pour sa part l'accent sur la priorité de l'inclusion sociale et du droit à la ville pour tous, avec en particulier l'accès aux besoins essentiels et à la démocratie participative[1]. L'engagement très fort des gouvernements locaux et des maires a montré que leur mobilisation était un élément clé. Les villes sont au cœur de la solution. Elles sont la colonne vertébrale des actions de transformation. En 2011, la planète a dépassé le cap de 7 milliards d'habitants. En 2019, nous étions 7,7 milliards[2] et pour la première fois dans l'histoire de l'humanité, plus de 50 % de la population mondiale est urbaine ; en Europe, ce dernier chiffre atteint 74,5 %[3]. En 2030, sur 8,5 milliards de personnes, plus de 5 milliards vivront dans les zones urbaines. Actuellement, 12 % de la population mondiale habite dans 33 villes. En Europe (UE-28)[4], les 53 régions

1. ONU-Habitat III, à Quito, du 17 au 20 octobre 2016, http://habitat3.org/wp-content/uploads/NUA-French.pdf

2. Tableau de bord de la population mondiale, Fonds des Nations unies pour la population (FNUAP), https://www.unfpa.org/data/world-population-dashboard

3. World Urbanization Prospects 2018, Highlights, DESA Population Division, United Nations, https://population.un.org/wup/Publications/Files/WUP2018-Highlights.pdf

4. Eurostat, « Urban Europe – Statistics on Cities, Towns and Suburbs », 2014. https://ec.europa.eu/eurostat/documents/3217494/7596823/KS-01-16-691-EN-N.pdf/0abf140c-ccc7-4a7f-b236-682effcde10f

métropolitaines – celles comptant au moins un million d'habitants – fournissent un logement à 39 % de la population, et représentent 41,1 % de l'emploi, générant 47,1 % de son PIB. À l'horizon 2030, 750 villes généreront 61 % du PIB mondial[1]. En même temps, nous devons intégrer le mouvement irréversible vers un axe est et sud, avec 90 % de la croissance mondiale urbaine qui se situe en Afrique et en Asie, dont un tiers se concentre seulement sur trois pays, l'Inde, la Chine et le Nigeria.

Mais, au-delà des chiffres, vivre dans nos cités au XXIe siècle a engendré un espace bâti pour assurer le développement d'un monde construit autour du paradigme du pétrole, des industries pourvoyeuses d'emploi. Cela a donné naissance à l'habitat collectif dit social et à son paradoxe de la perte du lien, à l'accès à la propriété et à la possession de biens, symboles de réussite, tels la voiture individuelle, la maison secondaire, les objets de toutes sortes. Un paradigme que la ville vivante remet en question. Qu'avons-nous fait de nos villes, défigurées par des boulevards traversés par des centaures mécanisés toujours pressés ? Quid de ces bâtis froids et fonctionnels qui ôtent la vie à nos rues, nos places, nos murs et nos parcs ? Qu'en est-il de l'eau et des arbres quand nos sources ont été asséchées, nos terres bitumées et notre air raréfié ? Où est l'identité de nos cités ? Où sont-elles ces histoires de vies racontées et partagées au seuil des portes, sur les trottoirs ou sur les bancs publics ? De quoi la ville est-elle aujourd'hui le nom ?

Dans le texte d'Italo Calvino évoqué dans les premières pages, un passant demande son chemin pour

---

1. « The Global 750 : Forecasting the Urban World to 2030 », Oxford Economics Report, 2018.

rejoindre la ville. Il obtient pour réponse un geste pouvant signifier « ici » ou alors « plus loin », « tout autour » ou « de l'autre côté ». D'aucuns lui déclarent devant son insistance : « Nous venons ici tous les matins pour travailler. » D'autres : « Nous revenons ici pour dormir. » Mais alors « où est-elle la ville où l'on vit ? » insiste le passant. « Elle doit être par là », lui dit-on. Et le passant voit alors « les bras qui se tendent vers des polyèdres opaques, à l'horizon, tandis que d'autres indiquent derrière des flèches fantomatiques ». « Ai-je dépassé ? » [...] « Non, essaie de continuer un peu. » [...] « Alors passer la ville est-ce passer d'un limbe à l'autre sans arriver à s'en sortir ? » La réponse d'Italo Calvino est plus que jamais d'actualité : « Tu ne jouis pas d'une ville à cause de ses sept ou soixante-dix-sept merveilles, mais de la réponse qu'elle apporte à l'une de tes questions. » Ainsi, parler de l'intelligence de la ville vivante, c'est nous rappeler que, loin d'être figée, elle est un écosystème en permanente mutation.

La ville vivante est un organisme complexe et la manière de la construire ne doit plus être dictée par la verticalité de la technologie ou de l'architecture. Il doit s'agir d'une ville à l'écoute, à la recherche de son rythme, de sa respiration, selon un processus au long cours. Nous appartenons à un monde complexe, composé d'éléments transverses, d'interrelations et d'interdépendances. La notion de ville vivante est profondément liée à l'idée de métabolisme urbain. Il s'agit de considérer l'ensemble des flux dont l'équilibre est source de bien-être et dont le déséquilibre, source de tensions et de danger pour sa cohérence, parfois même pour sa propre survie. Mais les ressources d'une ville trouvent leurs limitations dans l'espace imparti, d'où l'importance de prendre en compte la manière de les régénérer, de les adapter, de les transformer, voire de les réinventer. Les ressources cachées des villes constituent l'un des axes majeurs, en ces temps de frugalité et de crises, pour développer l'inventivité urbaine collective.

La ville vivante est à la croisée entre une multitude de besoins et d'usages sociétaux. Les enjeux d'innovation concernent nos vies au quotidien autour de questions telles que celles de l'habitat, la mobilité, l'éducation, le travail et les soins. Comment faire la jonction entre le bien-vivre, le bien-se loger, la mobilité et le lieu de travail ? Est-il réellement nécessaire de se déplacer autant pour travailler, pour apprendre ou pour se soigner ? Quel est le lien entre l'urbain, son centre-ville et sa périphérie ? La question de la gestion de l'énergie, de la création de logements énergétiquement efficaces, de la mobilité verte, de la sécurité, de la santé personnalisée, de l'accès à la culture se pose ici avec force. Et, à travers ces réflexions, c'est une véritable ville transverse, vivante, décloisonnée, qui va se dessiner sous nos yeux.

Depuis la révolution technologique, nous voyons éclore une infinité de possibles urbains. La ville de demain s'invente aujourd'hui et nous la rêvons tous plus intelligente, plus efficace, plus fluide, mais seule une ville vivante qui place le citoyen au centre de ses préoccupations est à même de répondre à ses défis. Elle se construit autour du citoyen, sur un territoire qui lui est propre. En effet, ce qui est vrai à Paris ne l'est pas forcément à Rio, à Mumbai, Séoul, Sydney, à Lagos ou au Caire. D'où le besoin de l'identité du citoyen sur son territoire. Il n'y a pas de modèles de ville, il n'y a que des sources d'inspiration.

À l'âge de la multitude, en ces temps ubiquitaires, se superposent, se croisent et s'imbriquent la dynamique de la ville, la puissance de sa gouvernance et son rôle majeur face aux États. C'est à la lumière de cette nouvelle donne que la nécessité de se pencher sur la vulnérabilité sociale apparaît comme un élément pivot de ma conception d'une ville vivante et sensible. La réflexion et l'action à l'échelle des villes démontrent l'importance capitale de la compréhension des facteurs de vulnérabilité structurelle à une triple échelle, environnementale, économique et sociale. Car c'est là que se situe la clé de l'analyse pour repérer les « cygnes noirs[1] », les signaux faibles. Il s'agit de construire en amont, face à ces vulnérabilités sociospatiales, des indicateurs et des actions, notamment relationnelles, de mieux-vivre ensemble, de fierté d'appartenance à un territoire, qui sont indispensables pour projeter la complexité du tissu urbain dans le futur.

La ville vivante est très fragile et doit sans cesse s'adapter aux mutations. Des risques et des aléas peuvent survenir à tout moment avec des conséquences imprévisibles. La complexité de la ville rend difficiles la planification et l'anticipation de ses évolutions. Quatre éléments clés, désignés par des termes latins, peuvent être dégagés de l'histoire et forment son essence :

– l'*urbs*, qui renvoie à l'ensemble des infrastructures de tout type qui la composent ;

– le *civis*, qui renvoie au citoyen, élément central de l'espace urbain, puisque sa respiration constitue l'essence même de la vie de la cité ;

– les *spatia*, qui sont les divers espaces de socialisation, d'échanges et d'interactions et qui en assurent la pulsation collective ;

1. Référence à l'essai de Nassim Nicholas Taleb, *Le Cygne noir. La puissance de l'imprévisible*, Les Belles Lettres, 2008.

– et enfin la *res publica*, qui désigne l'idée d'une politique à la recherche du bien public.

Parce que toute cité est porteuse de ces quatre éléments combinés, seule une réflexion transdisciplinaire permettra de la penser dans son ensemble et d'élaborer des cadres de transformation et d'action. La ville est à penser en commun par des urbanistes, des sociologues, des ingénieurs, des philosophes, des designers, des architectes, des industriels, des politiques et des artistes…

Notre engagement est de contribuer à ce que nos villes luttent de manière systémique pour leur réappropriation par les piétons, pour un air respirable, pour que l'eau et la biodiversité soient mises en avant, pour que la dynamique citoyenne et sociale s'exprime dans ses espaces publics confortés et agrandis, en repoussant les voitures hors des centres-villes.

Il s'agit d'être à la hauteur des défis du siècle, pour réinventer la vie dans nos villes, retrouver leur identité, contribuer à les rendre polycentriques, respirables, vivables, fluides et d'imaginer d'autres façons d'y résider, de travailler, de se déplacer. L'urbanisme de demain doit traduire la capacité à relier l'ensemble des espaces, en surface, verticaux, aériens et en sous-sols, afin d'anticiper les besoins et les mutations. C'est l'esprit de la ville vivante de la militante Jane Jacobs : « La rue, les places, le quartier, demeurent les premiers des lieux sociaux et constituent la base de la citoyenneté en ville. Car celle-ci n'est pas seulement un espace de circulation, elle est d'abord un lieu de vie où l'on habite, travaille, se distrait, que l'on visite, qui favorise les rencontres et les échanges[1]. »

---

1. Jane Jacobs, *Déclin et survie des grandes villes américaines*, Éditions Parenthèses, 2012.

Rendre la ville vivante, c'est prendre conscience de l'élargissement du combat pour nos communs urbains : la qualité de vie pour tous avec l'eau, l'air, l'ombre, l'espace, le temps et le silence, qui seront l'essence même des nouvelles batailles.

2

Le défi climatique

La ville et la vie urbaine à l'heure du changement climatique

Du nord au sud et de l'est à l'ouest de la planète, les effets du changement climatique se font sentir chaque jour, avec des vagues de chaleur ou de froid, inondations, pollution de l'air, villes irrespirables, sècheresses, montée du niveau de la mer, etc. Depuis que notre planète brûle dans le sens strict du terme, le désastre climatique se manifeste sur tous les continents. Cette dramatique dégradation est arrivée à la manière de la *Chronique d'une mort annoncée* du Prix Nobel de littérature Gabriel García Márquez[1]. Tout le monde savait qu'un crime affreux allait être commis, chacun en voyait les préparatifs, tout le village observait les assassins avancer, mais personne n'a bougé quand les meurtriers ont frappé à la porte et après le coup fatal, chacun est allé de son commentaire sur les raisons de cet acte criminel qui a endeuillé le village. Concernant les dégâts et les conséquences du réchauffement climatique, les chances que nous puissions en discuter avec nos enfants et petits-enfants sur les pas de porte sont minces. Oui, le risque est bien celui annoncé il y

1. Gabriel García Márquez, *Chronique d'une mort annoncée*, Grasset, 1981.

a maintenant plusieurs décennies, la survie de la civilisation humaine, tout au moins telle que nous l'avons connue et vécue jusqu'à aujourd'hui.

Comprendre le changement climatique au siècle des villes demande d'intégrer deux mots qui sont à mettre en valeur et pour lesquels il faudrait faire œuvre de pédagogie : « Anthropocène » et « complexité ». Ils mériteraient de tourner en boucle tant ils permettent d'approfondir ce que cette crise soulève. Le terme « Anthropocène » synthétise l'essentiel de ce qui se passe depuis maintenant cinquante ans. Faut-il rappeler que le Prix Nobel de chimie Paul Josef Crutzen et le biologiste américain Eugene F. Stoermer ont proposé en 2000 ce terme, « l'âge des hommes[1] », pour signaler que l'influence de l'homme était devenue prédominante sur l'écosphère planétaire ? Est-ce encore nécessaire d'énumérer les marqueurs de cette activité humaine qui sont au cœur de la transformation du climat ? Agriculture intensive et déforestation, surpêche, pollution de l'air, de l'eau et de la terre, développement urbain par la bétonisation incontrôlée, réduction ou destruction des habitats naturels, industries avec prolifération d'éléments changeant de cycle (azote, phosphore, soufre), déplacements par moteurs thermiques roulant ou volant de manière massive, augmentation exponentielle de l'extraction et de la consommation des ressources fossiles ou minérales (charbon, pétrole, gaz naturel, uranium, etc.), production et surconsommation des matières plastiques, pour ne citer que les plus connus de ce concept[2]. La notion d'« Anthropocène »

1. Paul J. Crutzen et Eugene F. Stoermer, « The Anthropocene », *Global Change. NewsLetter*, n° 41, 2000, p. 17-18 ; http://www.igbp.net/download/18.316f18321323470177580001401/1376383088452/NL41.pdf

2. Anthropocène, https://fr.wikipedia.org/wiki/Anthropocène

met en exergue l'action humaine qui, par la double intervention irrationnelle des prélèvements et des rejets massifs, prédomine, provoquant les fluctuations naturelles des équilibres de la biosphère.

Faut-il se remémorer, pour se convaincre de l'importance de l'Anthropocène, que nous continuons à ignorer, ce que les scientifiques ont appelé les « plastiglomérats », devenus les nouveaux marqueurs géologiques de l'activité humaine depuis l'ère industrielle ? Il s'agit d'un matériau semi-naturel nouveau, issu de l'agrégation de la roche et de la matière plastique. Mis en évidence en 2014 par une équipe américano-canadienne dirigée par la chercheuse Patricia Corcoran[1], ces plastiglomérats sont venus s'additionner à la longue liste des changements de notre planète induits par l'homme. De nombreux scientifiques sonnent l'alerte depuis des décennies sur les ravages que les déchets plastiques entraînent, au point de considérer que les paléontologues du futur découvriront davantage de plastiglomérats que d'humains fossilisés. Maurice Fontaine, ancien président de l'Académie des sciences (1975-1976) et ancien directeur du Muséum d'histoire naturelle de Paris (1966-1970), a proposé un terme dans les années 1960, le « Molysmocène », repris dans de nombreux travaux scientifiques[2] pour caractériser la première phase de l'Anthropocène, en grec « l'âge des déchets », soit en français le « Poubellien supérieur ».

1. Voir Patricia L. Corcoran, Charles J. Moore et Kelly Jazvac, « An Anthropogenic Marker Horizon in the Future Rock Record », *The Geological Society of America, GSA Today*, vol. 24, n° 6, juin 2014 ; https://www.geosociety.org//gsatoday/archive/24/6/pdf/i1052-5173-24-6-4.pdf

2. https://e4a-net.org/2017/11/29/welcome-to-the-molysmocene/

Pourquoi le terme « complexité » est-il aussi indispensable pour comprendre cette crise ? Il serait illusoire, naïf ou malsain d'attribuer cette dérive à la seule puissance de la révolution industrielle et aux acquis technologiques dus à la capacité de l'homme à transformer la matière et les procédés. Quand Augustin Berque, citant Jean-Marc Besse dans *Écoumène*, écrit « entre moi et moi, la Terre[1] », il met en lumière le rôle d'une géographie écologique qui relie l'homme à la nature comme un tout indissociable. Parlant de la « Terre-patrie », Edgar Morin nous décrit un monde interdépendant dans lequel chacun de nous est acteur des changements, qui touchent toutes les sphères non seulement de la connaissance mais aussi de notre agir quotidien : « Au moment où les sociétés éparses sur le globe sont devenues interdépendantes, la prise de conscience de la communauté de destin terrestre doit être l'événement clé de la fin du millénaire. Nous sommes solidaires dans et de cette planète[2]. »

En effet, le changement climatique touche déjà l'agriculture, la santé, les écosystèmes terrestres et océaniques, l'approvisionnement en eau et les moyens de subsistance de certaines populations. Ce qui est frappant dans les incidences observées de ces changements, c'est qu'ils se produisent des tropiques jusqu'aux pôles, des petites îles jusqu'aux grands continents et des pays les plus riches jusqu'aux plus pauvres. De manière détaillée, le GIEC[3] sonne l'alerte depuis très

1. Augustin Berque, *Écoumène. Introduction à l'étude des milieux humains*, Belin, 2016.

2. Edgard Morin et Anne-Brigitte Kern, *Terre-patrie*, Seuil, 1993.

3. Groupe d'experts intergouvernemental sur l'évolution du climat, organisme constitué en 1988, ouvert à tous les pays membres de l'ONU et regroupant actuellement 195 États. Voir : www.ipcc.ch

longtemps et continue d'annoncer chaque année dans son rapport des risques « élevés à très élevés » en cas de hausse moyenne des températures de 4 °C par rapport à la période préindustrielle (« extinction substantielle d'espèces », « risques importants pour la sécurité alimentaire »), signalant des risques « considérables » dès un réchauffement de 1 à 2 °C.

Une augmentation d'environ 2 °C par rapport à la période préindustrielle pourrait entraîner une perte entre 0,2 % et 2 % des revenus annuels mondiaux[1]. Il s'agit désormais de prendre conscience des conséquences qu'aura une augmentation de la température du globe de quelques degrés seulement sur l'eau, l'alimentation, les écosystèmes ou encore la météo : un cortège de mauvaises nouvelles avec des villes menacées par la hausse du niveau de la mer, une diminution de la production alimentaire mondiale, l'extinction d'un grand nombre d'espèces, une intensité accrue des épisodes météorologiques extrêmes, etc. Ce qui exposera une grande part de la population à de nouveaux risques : migrations, apparition de nouvelles maladies, diminution des ressources naturelles, événements météorologiques (cyclones, tempêtes) plus intenses et plus violents, etc.

Le phénomène urbain a un impact direct sur les problématiques climatiques, comme le rappelle la création de canyons urbains lors des épisodes de forte chaleur. Durant la canicule qui a frappé la France en août 2003, les météorologues ont observé des écarts allant jusqu'à 4 °C entre Paris et la zone périurbaine. Une canicule, il faut s'en rappeler, qui a fait cet été-là 20 000 morts en France et 70 000 en Europe. À Paris, selon l'étude

---

1. « Résumé aux décideurs », dans GIEC, *Changement climatique 2014 : impacts, adaptation et vulnérabilité*, 2014.

d'Emmanuelle Cadot et Alfred Spira[1], l'expression de ce phénomène a été particulièrement exacerbée, avec une augmentation de près de 190 % de la mortalité entre le 1er et le 20 août 2003 par rapport aux années antérieures. Au-delà de la dimension dramatique de cet événement sans précédent, l'étude souligne l'importance des liens entre les différentes dimensions urbaines (sanitaires, sociales et contextuelles) d'un phénomène de santé. Leur contribution explicite l'impact qui a été plus massif en milieu urbain que dans les communes rurales, du fait d'une fragilité en ville liée à des facteurs socio-économiques.

Presque vingt ans plus tard, ce phénomène est devenu partie intégrante de nos vies urbaines. La question n'est plus, en France ou ailleurs, de savoir s'il y aura une canicule estivale mais plutôt de déterminer son début et sa durée.

Dans le contexte d'incertitudes concernant la continuité des accords pour le climat de Paris de 2015, il est urgent de prendre conscience de la gravité de la situation et de l'immense responsabilité qui repose sur les villes et sur les territoires. L'éclairage sur l'action des maires et des réseaux internationaux d'élus qui se trouvent au cœur de la vie dans nos métropoles en est d'autant plus saisissant. Ils nous rappellent que limiter l'augmentation de la température de la planète est avant tout un enjeu politique et économique, pour que les émissions de gaz à effet de serre trouvent leur limite à l'horizon de 2050. Plus que jamais les chefs d'État doivent travailler étroitement avec les maires des

1. Emmanuelle Cadot et Alfred Spira, « Canicule et surmortalité à Paris en août 2003. Le poids des facteurs socio-économiques », *Espace urbain et santé*, 2006/2-3, p. 239-249 ; https://journals.openedition.org/eps/1383

grandes villes-monde, qui bénéficient de la confiance et de la proximité de leurs concitoyens. Les maires ne sont pas une courroie de transmission entre la vie politique nationale et la vie locale. Ils sont la colonne vertébrale et des acteurs à part entière de la vie politique dans nos pays. Rien ne peut se faire dans la vie urbaine sans la vision stratégique, sans la dynamique, sans l'engagement et sans la présence permanente de chacun.

Confrontés que nous sommes aux défis du changement climatique avec la construction urbaine à grande échelle, l'épuisement des ressources naturelles, la pollution massive, le stress hydrique et les effets systémiques qui menacent notre qualité de vie, c'est notre santé et, au-delà, l'ensemble de la chaîne du vivant qui sont en danger. Le rôle de la biodiversité, du végétal, de l'eau, du vivant sous toutes ses formes, est au centre de la vie urbaine. L'émergence des grandes métropoles, le développement croissant des mégalopoles mais aussi leur attractivité parfois jusqu'à plusieurs centaines de kilomètres à l'égard des villes moyennes et des petites villes sont venus bouleverser les rapports entre nos vies, les espaces urbains, ruraux et la biodiversité.

Nous avons en mémoire les superbes images de l'astronaute français Thomas Pesquet en 2017 nous montrant l'importance des villes sur notre planète. Elles n'occupent que 2 % de la surface de la planète, mais concentrent 50 % de la population mondiale, consomment 78 % de l'énergie mondiale, sont responsables de 60 % des émissions de CO_2[1], et produisent 80 % des richesses. Ces images mettent en exergue la

1. Nations unies, Action Climat, https://www.un.org/fr/climatechange/cities-pollution.shtml

vulnérabilité de nos vies urbaines par les effets de la pollution et la fragilité de nos ressources. Dans de multiples villes à travers le monde, des réflexions en profondeur accompagnées d'actions concrètes sont menées pour tenter de changer de paradigme et d'offrir un autre cadre de vie privilégiant la qualité de vie en commençant par l'air que nous respirons, mais aussi l'eau, la biodiversité et toute une chaîne nouvelle d'approvisionnements et de logistique.

Pour la première fois, en 2013, l'activité humaine a généré un taux de gaz à effet de serre dépassant le seuil des 400 ppm[1], au-delà duquel la pollution met sérieusement en danger l'avenir de l'humanité. Depuis 1997 et le protocole de Kyoto, dont l'objectif était de réduire les émissions de CO_2, celles-ci ont augmenté de 60 %. Les grandes villes sont devenues un contributeur majeur avec une empreinte urbaine qui arrive à 70 %[2]. Au rythme de cette urbanisation mondiale accélérée, la survie de l'humanité est en jeu à l'horizon de la fin de ce siècle : « Les journées s'annoncent chaudes dans les jours à venir », « Cette fois-ci, c'est le mois / le trimestre / le semestre / l'année, qui a été le plus chaud(e) depuis toujours »... Ces phrases sont devenues familières dans le monde entier.

Inquiétantes aussi, les nouvelles manifestations d'incivilités au moment où débutent les grandes chaleurs. En premier lieu, les bornes d'incendie à l'usage des pompiers, cassées pour faire des « geysers » en vue de se rafraîchir. En quelques heures, apparaissent dans les

1. « Trends in Atmospheric Carbon Dioxide », Mauna Loa Observatory, Global Monitoring Laboratory ; https://www.esrl.noaa.gov/gmd/ccgg/trends/

2. « Consumption-Based GHG Emissions of C40 Cities », C40 Cities, 2018 ; https://www.c40.org/researches/consumption-based-emissions

quartiers des centaines de « piscines verticales ». J'écrivais, en juin 2017, présent dans les quartiers populaires de la Seine-Saint-Denis, que « les premiers réfugiés climatiques se trouvaient déjà sur nos territoires urbains, dans ces zones où les îlots de chaleur dépassent les 35 °C, températures qui seront de plus en plus fortes, voire insoutenables. Les "piscines verticales" ou "geyser urbains" fleurissent d'été en été, et ne sont pas uniquement des actes d'incivilité mais bien des expressions sociales qui iront *in crescendo* et qui doivent être très sérieusement pris en compte dans leurs racines[1] ».

D'autres phénomènes de très forte intensité se produisent dans des villes de toutes tailles et sous toutes les latitudes générant leurs lots d'images chocs, dégâts, détresse et pertes de vies. À Dacca, au Bangladesh, l'une des « usines du monde » – pourvoyeuse d'une main-d'œuvre bon marché dans l'industrie du textile pour le compte de grandes marques internationales –, il est courant de voir la ville paralysée par la prise de panique de milliers d'ouvriers qui quittent leurs postes forçant les usines à fermer. La cause ? Des centaines de femmes et d'hommes tombés malades en une seule journée, dont une grande partie hospitalisée en raison de la forte augmentation de la chaleur. Bien sûr, la fatigue et la malnutrition viennent amplifier l'impact des conditions climatiques au détriment de la santé des travailleurs.

En 2013, alors que j'étais dans la région quand le typhon Haiyan et ses vents atteignant 360 kilomètres par heure se sont abattus sur les Philippines, j'ai assisté,

1. Carlos Moreno, « Canicule : non, on ne peut pas télécharger la fraîcheur ! », *La Tribune*, 28 juin 2017 ; https://www.latribune.fr/regions/smart-cities/la-tribune-de-carlos-moreno/canicule-non-on-ne-peut-pas-telecharger-la-fraicheur-741718.html

dans un décor de fin du monde, à la désolation semée par cette tempête qui a fini sa course à proximité du Vietnam, où des centaines de milliers de personnes, réfugiées climatiques contraintes, ont dû fuir à son arrivée. J'ai aussi le souvenir d'une visite au Sri Lanka, dans la zone ouest et sud de l'île, à l'occasion d'une action de réflexion sur l'impact du changement climatique, la vie urbaine et la conservation du patrimoine historique dans cette partie du monde. Quelle tristesse d'observer les dégâts de la pire mousson depuis quinze ans, laissant derrière elle un bilan de deux cents morts et d'environ trois cent mille déplacés !

L'Afrique n'est pas épargnée non plus. Ses villes font régulièrement face à une forte insécurité alimentaire touchant des millions de personnes, avec des conséquences importantes sur le front des tensions sociales, en raison de la combinaison de la montée des températures et de la faiblesse des précipitations.

Au sud de l'Amérique latine, à Buenos Aires, à l'arrivée de l'été austral, l'alerte rouge déclarée en raison des fortes chaleurs est devenue banale, avec une température frôlant les 40 °C, montant à certains endroits jusqu'à 47 °C. Corrélativement, les révoltes sociales nées de ce cocktail explosif de la dégradation de la qualité de vie et des dures conditions climatiques sont devenues courantes.

Il y a la problématique de l'augmentation des températures et il y a celle de la montée des eaux, tout aussi inquiétante. Une étude de la Banque mondiale considérait déjà en 2013 que le coût total des inondations dans les grandes villes côtières de la planète pourrait atteindre à l'horizon 2050, si rien n'était fait pour endiguer les flots, la somme astronomique de plus de 1 000 milliards de dollars (750 milliards d'euros) par an, bouleversant à terme le planisphère des risques : « En tête des agglomérations aujourd'hui les plus menacées figurent, derrière Canton (Chine), trois villes américaines : Miami, New York et La Nouvelle-Orléans. Au milieu du siècle, le risque majeur se déplacera vers des villes en développement. Derrière Canton, toujours en tête, on trouvera Bombay et Calcutta (Inde), même si Miami, New York et La Nouvelle-Orléans restent parmi les dix plus exposées. Si l'on regarde cette fois les villes où le risque va proportionnellement croître le plus en cinquante ans, la carte est toute autre. Le pourtour méditerranéen y est surreprésenté, avec des villes comme Alexandrie, Naples, Beyrouth, Istanbul, Athènes, mais aussi Marseille[1]. » Trois ans plus tard, un nouveau rapport de la Banque mondiale signale que « non seulement le changement climatique empêche déjà une partie de l'humanité d'échapper à la pauvreté, mais plus de 100 millions de personnes pourraient tomber sous le seuil de pauvreté à l'horizon 2030[2] ».

Aujourd'hui, nous pouvons continuer à faire le tour du monde en constatant que la situation ne cesse de s'aggraver année après année. Le changement climatique est une réalité et constitue une menace majeure. C'est un enjeu de survie pour la paix sociale et territoriale à l'horizon des prochaines décennies. Nous avons déjà sur la planète plus de réfugiés climatiques que de réfugiés de guerre.

1. Stéphane Hallegatte, Colin Green, Robert J. Nicholls et Jan Corfee-Morlot, « Future Flood Losses in Major Coastal Cities », *Nature Climate Change*, 18 août 2013 ; https://www.nature.com/articles/nclimate1979

2. Stéphane Hallegatte, Mook Bangalore, Laura Bonzanigo, Marianne Fay, Tamaro Kane, Ulf Narloch, Julie Rozenberg, David Treguer, et Adrien Vogt-Schilb, *Shock Waves: Managing the Impacts of Climate Change on Poverty*, World Bank Group, 2016 ; https://openknowledge.worldbank.org/handle/10986/22787

Le Département des affaires économiques et sociales des Nations unies (DESA) dans son dernier rapport intitulé « Les villes du monde en 2018 » rappelle que « les catastrophes ne connaissent pas de frontières », et précise que 679 des 1 146 villes d'au moins un demi-million d'habitants sont vulnérables aux cyclones, inondations, sécheresses, tremblements de terre, glissements de terrain ou éruptions volcaniques – ou à une combinaison de ces phénomènes. Selon le bilan publié par le Bureau des Nations unies pour la réduction des risques de catastrophe et le Centre de recherche en épidémiologie des catastrophes, les catastrophes naturelles ont tué 1,3 million de personnes au cours des vingt dernières années et laissé 4,4 milliards de personnes supplémentaires blessées, sans abri ou nécessitant une aide d'urgence[1]. Les Nations unies, à travers UN-Habitat, en charge de la politique des villes, appellent les États à contribuer à la mise en œuvre d'un cadre global d'action pour renforcer la résilience des nations et des communautés face aux catastrophes. « Tous les acteurs doivent travailler ensemble pour sauver des vies, protéger des actifs et offrir la continuité des services de garantie quand les désastres frappent. La planification est essentielle. » Un nouveau rapport de juin 2019 de la Banque mondiale et de la Facilité mondiale pour la prévention des risques de catastrophes et le relèvement explique, à propos de la résilience, pourquoi lorsque l'on fait face aux aléas

1. Si la majorité des décès (56 %) sont liés aux tremblements de terre et aux tsunamis, les événements les plus fréquents sont les événements hydrométéorologiques tels que les inondations, les tempêtes, les sécheresses ou les vagues de chaleur. Ceux-ci comptent pour 63 % des personnes affectées et 71 % des pertes économiques (Pascaline Wallemacq et Rowena House, « Economic Losses, Poverty & Disasters [1998-2017] », UNDRR and CRED Report, 2018).

naturels – inondations et cyclones, séismes et glissements de terrain –, au-delà des actifs proprement dits, comme les ponts ou les pylônes électriques, il est moins coûteux et plus simple de renforcer la résilience et d'identifier les vulnérabilités des systèmes et des usagers[1].

La ville est devenue minérale au fil des années, et ce à cause de plusieurs facteurs : l'omniprésence de constructions tous azimuts, la place donnée à la voiture comme vecteur majeur de l'aménagement urbain depuis presque un siècle et l'absence de prise de conscience du changement climatique. Ces critères ont façonné un univers qui a relégué la biodiversité à une place fonctionnelle, des parcs pour les loisirs, engendrant une absence d'hybridation entre le minéral et le végétal. Pourtant le végétal joue un rôle majeur dans l'impact sur le climat. Comment imaginer la vie dans les grands ensembles, dans les années à venir, sans avoir profondément remis en cause le modèle actuel ? Sans aucun doute, il s'agit de l'un des plus importants facteurs de risque social dans un futur proche.

Le végétal fait partie du vivant. Il capture le carbone et participe au métabolisme de l'ensemble de la vie urbaine. Mais le végétal est également un facteur d'attractivité et de qualité dans les rapports humains en ville. Au-delà du fait de fixer le carbone, le végétal fixe aussi l'humain. La ville compacte, même très dense, qui a su intégrer le végétal à son univers, dans la vie quotidienne, est une ville dans laquelle ses habitants réduisent les déplacements dits « échappatoires », pour aller *chercher du vert*, ce qui a un effet direct sur les mobilités et va dans le

1. Stéphane Hallegatte, Jun Rentschler et Julie Rozenberg, *Lifelines: The Resilient Infrastructure Opportunity*, World Bank Group, 2019 ; https://openknowledge.worldbank.org/handle/10986/31805

sens de l'amélioration du chrono-urbanisme, d'un nouveau rythme dans la ville, permettant de bénéficier d'une haute qualité de vie sociétale.

Végétalisation et hydrologie vont de pair. Gérer la ressource eau fait partie des préoccupations prioritaires de la gestion urbaine. Les problématiques sont multiples. Les difficultés d'approvisionnement, la ressource devant être ponctionnée de plus en plus loin. Une évaporation trop rapide ou des précipitations trop faibles, trop abondantes ou alors trop violentes, avec en quelques heures le volume de plusieurs mois. Ces perturbations impactent la chaîne agroalimentaire et la vie urbaine avec sa mise sous tension par les dégâts systémiques. Le changement d'attitude par rapport au cycle de vie de l'eau en ville est l'un des besoins à prendre en considération pour la prochaine décennie. Il prend tout son sens et une portée stratégique quand la convergence végétalisation, nature et eau se projette dans la *transition urbaine.*

Pour sa part, la transition énergétique, avec le changement de paradigme vers des sources décarbonées et renouvelables, est une priorité, certes, mais sera bien dérisoire si elle n'est pas accompagnée d'une ambitieuse politique de convergence avec la valorisation du végétal et la reconquête du cycle de l'eau. Parcs, maillages par les trames vertes et bleues, réappropriation de l'eau par cycles naturels (cours d'eau, rivières, canaux) ou artificiels (espaces d'eau, miroirs d'eau), lieux de baignades sont aujourd'hui des actions qui font appel à la notion du design d'une ville pour tous.

La création et l'existence de l'organisation mondiale des parcs urbains World Urban Parks[1] regroupant les initiatives du monde entier autour des parcs,

1. https://worldurbanparks.org

des espaces ouverts et de loisirs, constitue une avancée dans la coordination de tous les acteurs, sur la vision et sur les actions qui en découlent. La conservation de la nature, les loisirs et toute la chaîne qui touche au sport et à la santé des habitants sont essentiels.

Au-delà du débat sur les choix du mode de transport et sur l'urgence d'abandonner la voiture individuelle et le moteur thermique, il est déterminant de comprendre l'importance d'abandonner le mode de vie du XXe siècle, en particulier à l'égard de l'empreinte énergétique globale que nous laissons. Le GIEC de l'énergie, le Global Energy Assessment (GEA[1]), précisaient déjà en 2012 les critères à cet effet : l'économie géographique urbaine, les modes de consommation, l'efficience dans la demande finale et la forme de ses infrastructures. Tandis que l'émergence et la consolidation du fait métropolitain, voire hyper-métropolitain voient le jour, il est impérieux d'avoir un regard lucide concernant les impacts des décisions politiques sur le triplet constitué par la fragmentation spatiale du territoire urbain, la densité et les tendances de sa démographie et de la structure sociologique.

La combinaison de ce qui a été nommé la « vie périurbaine » et de l'automobile s'est traduite par le développement de *métropoles diffuses*, caractérisées par de fortes discontinuités aussi bien spatiales que du point de vue de la densité et induisant de fortes disparités sociologiques. Cette combinaison a été accentuée par les effets mono fonctionnels, nord-sud, est-ouest, par l'opposition géographique travail/domicile et par des modes de vie consuméristes, aggravée par

1. https://iiasa.ac.at/web/home/research/Flagship-Projects/Global-Energy-Assessment/Home-GEA.en.html

l'absence de zones vertes et de repos. Inévitablement, c'est la *thrombose urbaine*, l'asphyxie de la circulation et le trop-plein de flux, en particulier dû aux véhicules individuels, un mode de vie à part entière. En effet, avant d'être un moyen de transport, la possession d'une voiture est devenue l'expression sociale d'une classe moyenne, qui a fait de ce véhicule un symbole de réussite et de statut.

Nous assistons à un autre processus qui accentue les conséquences du changement climatique et de la perte de la biodiversité. De jour en jour les villes se développent, s'agrandissent et s'étendent progressivement jusque dans les zones agricoles et naturelles. Bien que nous habitions la planète bleue, nos terres et nos sols constituent l'essence même de nos ressources habitables. L'urbanisation croissante allant de pair avec le développement des infrastructures a entraîné un processus de modification dégradant nos terres. L'imperméabilisation des sols a augmenté deux fois plus rapidement que la population européenne par exemple[1].

Avant même la COP21, en 2012, le rapport[2] de l'Union européenne précisait déjà que le recouvrement par un matériau imperméable tel que le béton ou l'asphalte était l'une des causes principales de la dégradation des sols. Aujourd'hui encore, chaque année en Europe, les infrastructures bâties avalent plus de mille kilomètres carrés de terres ou de forêts. La moitié est rendue imperméable par des revêtements artificiels (bitume, béton). Il s'agit d'une des raisons de

1. https://ec.europa.eu/environment/soil/pdf/guidelines/pub/soil_fr.pdf

2. Objectif « zéro artificialisation nette » : Quels leviers pour protéger les sols ?, France Stratégie, juillet 2019, p. 19 ; https://www.strategie.gouv.fr/sites/strategie.gouv.fr/files/atoms/files/fs-rapport-2019-artificialisation-juillet.pdf

l'augmentation du risque d'inondation et de pénurie d'eau, contribuant au réchauffement de la planète et créant une sérieuse menace à la diversité biologique. Il nous alerte sur les conséquences : l'imperméabilisation des sols limite leur capacité à assurer leurs fonctions d'épuration de l'eau, de recyclage de la matière organique, de la croissance des plantes. La perte du couvert végétal réduit le stockage de carbone, la régulation des températures et du climat ainsi que la production d'oxygène. Cette urbanisation, avec la fragmentation conséquente de l'espace, combinée aux effets de l'imperméabilisation des sols, et à l'épuisement des ressources, entraîne une pression grandissante sur la biodiversité locale. Cela nécessite une véritable intervention politique pour décider de la manière dont cette politique territoriale doit voir le jour. Elle ne peut pas être laissée au libre arbitre du privé ou des promoteurs. Une régulation est indispensable afin de canaliser l'équilibre nécessaire pour offrir une cohérence entre l'espace privé, l'espace public, la biodiversité et les biens communs, à l'échelle du quartier, de la ville et de la métropole. Il est donc urgent :

– d'encourager la continuité spatiale en assurant en même temps une politique qui privilégie la mixité fonctionnelle et le regroupement des diverses activités économiques ;

– d'offrir une approche qualitative indispensable, avec la récupération de l'eau, des cours d'eau, des zones vertes, pour créer de véritables parcs urbains, et développer une culture de l'homme en ville ;

– de favoriser la connectivité et retrouver une vie locale donnant de la puissance à la vie du quartier, ce qui signifie aussi développer sa découverte, par la marche et par les mobilités actives, comme le vélo ;

– de faciliter le lien physique et social avec d'autres secteurs pour offrir le mélange et la diversité, ce qui implique de mettre en avant les parcours des *communs*, sous toutes ses formes.

Pour que notre vie change, nos villes doivent changer ! Il faut adopter d'autres modèles de développement, tournés vers une ville durable intégrant les principes d'une économie circulaire dans laquelle nos principes d'usage et de consommation seraient radicalement changés, par exemple en réutilisant les déchets à l'infini, qui alimenteraient le processus urbain. Ce doit être une ville où l'on se déplace autrement, avec d'autres manières de travailler. Pour assurer cette transition impérative vers une ville post-carbone, il faut inventer de nouveaux modèles économiques, économes en énergie et en ressources naturelles, mais il nous faut aussi absolument réformer notre paradigme en matière de gouvernance, de fiscalité, de régulation des marchés et des normes. Enfin et surtout, il nous faut révolutionner les comportements de nos concitoyens, en leur offrant, grâce au numérique et aux révolutions technologiques, l'accès à de nouveaux usages et services.

En 2017, au moment de la disparition du grand penseur Zygmunt Bauman, à l'origine du concept de la « modernité liquide[1] », je lui avais rendu hommage dans un texte[2] avec une citation concernant la vie dans nos villes et l'empreinte culturelle indispensable pour sa transformation. Ce philosophe et sociologue a été

1. Voir Zygmunt Bauman, *La Vie liquide*, Éditions du Rouergue, 2006.

2. Carlos Moreno, « Climat, quelle empreinte pour nos villes ? », janvier 2017 ; http://www.moreno-web.net/climat-quelle-empreinte-pour-nos-villes/

une source d'inspiration pour repenser la ville polycentrique et multiusage comme une réponse de fond à l'urgence du changement climatique et à la rareté des ressources, en réimaginant ses contours matériels et immatériels :

> La mondialisation ne se déroule pas dans le « cyberespace », ce lointain « ailleurs », mais ici, autour de vous, dans les rues où vous marchez et à l'intérieur de chez vous. [...] Les villes d'aujourd'hui sont comme des décharges où les sédiments des processus de mondialisation se déposent. Mais ce sont aussi des écoles ouvertes 24 heures sur 24 et 7 jours sur 7, où l'on apprend à vivre avec la diversité humaine et où peut-être on y prend plaisir et on cesse de voir la différence comme une menace. Il revient aux habitants des villes d'apprendre à vivre au milieu de la différence et d'affronter autant les menaces que les chances qu'elle représente. Le « paysage coloré des villes » suscite simultanément des sentiments de « mixophilie » et de « mixophobie ». Interagir quotidiennement avec un voisin d'une « couleur culturelle » différente peut cependant permettre d'apprivoiser et domestiquer une réalité qui peut sembler effrayante lorsqu'on l'appréhende comme un « clash de civilisation ».

La capacité de mobilisation que représente un réseau comme le C40 Cities est un élément clé dans l'irruption de la voix urbaine au niveau mondial. Avec la présence d'autres réseaux de maires qui s'engagent, nous assistons à un changement déterminant dans la prise de conscience de l'émergence politique du monde urbain, des villes-monde comme force de propositions, pour un monde qui doit changer si nous voulons survivre. Des actions menées dans ce sens, pour citer des villes à la pointe de ce combat, du réseau C40 et d'autres, telles Paris, New York, Los Angeles, Chicago, Portland, Séoul, Tokyo, Medellín, Buenos Aires, Sydney, Auckland, Vancouver, Toronto, Montréal, Kigali, Cologne, Chennai, Canton, sont très encourageantes, même si le chemin est encore très long.

Un monde bas carbone est bien une nécessité impérieuse pour nous et les générations futures. Comme toute intelligence, l'intelligence de la ville sera de conserver la capacité à s'adapter aux modifications, en l'occurrence environnementales. Pour cela les cités ont des solutions concrètes à apporter et leur démarche est complémentaire ou alors réparatrice par rapport à celle des États. L'urbanisation de nos vies a créé une échelle à partir de laquelle l'implémentation des pratiques exemplaires est possible pour apporter des réponses précises au travers d'outils participatifs. Pour défendre la qualité de vie du citoyen, objectif majeur de chaque élu, les maires ont la capacité de traduire en actions une réelle vision systémique alliant qualité de l'air, de l'eau, mobilité, habitat, santé et climat. Plus que jamais la reconnaissance de la place prise par les villes depuis la COP21 marque d'une manière indélébile et irréversible, le rôle moteur que les maires, les élus et les écosystèmes urbains vont jouer dans les prochaines décennies. Mais cela ne se fera pas sans des engagements financiers forts et, dans le même temps, une participation citoyenne et la mobilité des écosystèmes dans les territoires. Il devient stratégique de se poser la question de la gouvernance et de la marge d'autonomie dont doivent disposer les villes et les métropoles face aux États.

« Accéder à la finance verte, disposer d'une plus large autonomie budgétaire et d'une capacité réglementaire afin d'amplifier leur action » est l'une des décisions de la déclaration commune du sommet de 1 000 maires pour le climat, qui a eu lieu à Paris en 2015, en même temps que la COP21. Ce sommet des élus locaux pour le climat s'est proposé avec succès d'être un élément de « pression positive ». Pour la première fois pendant une conférence pour le climat (COP), les principaux réseaux européens et mondiaux de villes (tels que CGLU[1], ICLEI[2], C40 Cities[3], l'AIMF[4] ou le CCRE[5]) se sont rassemblés sous la bannière « 1 000 maires pour s'engager en faveur du climat » en proposant des actions concrètes : bus électriques, fermeture de centres-villes aux voitures, récupération d'autoroutes urbaines pour en faire des lieux de promenade, construction de parcs sur les berges des rivières et des fleuves, modernisation de bâtiments pour les rendre énergétiquement performants ou à énergie positive, végétalisation des toits et des murs, redécouverte de l'agriculture urbaine, implication des citoyens pour être capteurs de la qualité de l'air et bien au-delà, acteurs de la vie de la ville, à tous les niveaux, etc. De nombreuses villes signataires l'ont déjà réalisé. Le futur leur appartient et leur combat est aussi celui de chacun d'entre nous. À la condition que les gouvernances étatiques apprennent à respecter, écouter, dialoguer avec tous ceux qui agissent pour changer de paradigme.

Au siècle des villes, soyons à leur côté mobilisés pour que nos vies changent. Certes, pour nous, mais surtout pour les générations futures. Une autre lecture

---

1. https://www.uclg.org/fr
2. https://www.iclei.org
3. https://www.c40.org
4. https://www.aimf.asso.fr
5. https://www.ccre.org/fr

de l'écologie, qui est la nôtre à l'aune du changement climatique, du besoin d'une justice économique et sociale dans nos villes, doit nous inciter à penser que la métamorphose vers un bien commun et partageable est l'enjeu de la prochaine décennie.

3

Complexité urbaine

La ville multiple : imparfaite, incomplète et fragile

Nous vivons depuis la fin de la dernière glaciation, il y a 10 000 ans, une période géologique appelée l'Holocène. Sa caractéristique principale est un changement climatique important, une période chaude suivie d'un fort accroissement démographique, donnant lieu à une transition agricole couplée à un processus de sédentarisation. La maîtrise par l'homme des matériaux, du feu, mais aussi l'expression par l'art, témoigne d'une volonté d'affirmer sa présence permanente sur des surfaces restreintes. En Europe, de la croix servant à délimiter un espace d'habitation découverte sur un mur de la grotte de Gorham[1], à Gibraltar, et datant de 39 000 ans, à aujourd'hui, les mouvements d'occupation du sol par les humains ont toujours été associés à leur propre activité transformatrice. Avec l'Anthropocène, nous avons souligné le rôle joué par l'homme dans la transformation de son propre environnement. La conquête de son espace sédentarisé a donné lieu à de nombreuses expressions socioterritoriales, toutes liées à des victoires, confrontations et guerres,

1. Découverte qui a permis de mieux comprendre la vie des Néandertaliens, y compris leur aptitude à la pensée abstraite : https://whc.unesco.org/fr/list/1500/

avec l'objectif de se procurer plus de ressources, plus de moyens, afin de conforter sa puissance.

L'humanité a mis 40 000 ans à atteindre les 3 milliards d'individus en 1960 occupant les cinq continents et vivant sous tous les climats et toutes les latitudes sur des surfaces délimitées. En revanche, cette même humanité a mis seulement quarante ans de plus pour multiplier par deux sa présence et dépasser en 2014 les 50 % d'urbains[1]. Les villes ont survécu aux royaumes, aux empires, aux nations, aux États mais aussi aux guerres, aux crises et à toutes sortes d'événements. La ville, de manière intrinsèque, est sans aucun doute plus durable que toute autre structure socioterritoriale. Elle est un repère solide et constitue le socle de l'expression des habitants face aux défis d'hier, d'aujourd'hui et de demain. Mais depuis la seconde moitié du XXe siècle, il s'est opéré une inquiétante rupture entre l'Homme et la nature, fragilisant son devenir. Celle-ci s'est accélérée depuis deux décennies et, malgré les multiples instances de régulation existantes, du G8 à l'ONU, en passant par bien d'autres lieux d'échanges et de discussions, nous avons continué à glisser toujours plus sur la mauvaise pente. Cette rupture est née de la double conjonction d'une vie urbaine trépidante, en forte expansion, et d'un modèle de société fondé sur une production-consommation à outrance. Plus grave encore, elle en est venue à séparer ce qui est naturellement lié à la complexité du vivant, dont l'Homme fait partie, les quatre éléments à la base de notre écosystème naturel, au cœur du bien commun : l'air, l'eau, le feu, la terre.

Nous vivons principalement sur des territoires urbanisés où l'air est gravement pollué, et cette situation

1. Department of Economic and Social Affairs, Population Dynamics, United Nations, World Population Prospects.

endémique touche toutes les grandes villes. L'eau est devenue une ressource rare, ou incontrôlable à cause des intempéries. Le feu, apprivoisé et transformé en source d'énergie, est une composante de la pollution causée par l'utilisation à outrance des énergies fossiles, paradigmes du XXe siècle, parmi lesquels figurent au premier chef les moteurs thermiques et les réseaux de chaleur et de froid des villes. Quant à la terre, autrefois nourricière, elle est maintenant un enjeu de vie, voire de survie, pour une humanité s'urbanisant de manière chaotique. La lutte pour les territoires, y compris urbains, par ceux venus s'installer de manière informelle, un euphémisme pour signaler de dramatiques situations, est une constante, en particulier au sud et à l'est de la planète.

Nous souffrons des conséquences néfastes de cette absence de prise en compte de la complexité dans les choix structurants de nos sociétés, qui ont délaissé l'humain. La gestion en silo a déstructuré la vie, qui ne s'est plus bâtie autour de l'Homme, désormais habitant de villes-monde à croissance exponentielle. La révolution industrielle au XIXe siècle, la consolidation des États-nations à la première moitié du XXe, l'émergence de la révolution numérique au XXIe siècle, et les crises des gouvernances étatiques qui se succèdent vont de pair avec le développement de l'urbanisation et la *mégalopolisation* planétaire.

Pour comprendre la réalité profonde de phénomènes de notre vie courante aussi variés que les mouvements de populations, les approvisionnements énergétiques, la gestion des flux en matières premières, le transport et la circulation, les impacts du changement climatique, les catastrophes naturelles ou encore les situations de crise, il est nécessaire d'étudier et de comprendre les interactions, interconnexions et réseaux entre les diverses entités. Dans une ville, il existe une multiplicité de besoins, d'usages, de services, de flux – l'alimentation, l'habitat, l'environnement, l'éducation, la culture, les transports, la santé, la sécurité, l'énergie, les déchets, la communication, etc. ; les modéliser, les analyser, les comprendre dans une dynamique transverse conduit à une autre manière de concevoir des solutions.

Cette interdépendance va de pair avec deux autres éléments intrinsèques : l'émergence des comportements nouveaux et l'adaptativité face aux perturbations. Nature, ressources, productivité, consommation, technologie, révolution numérique sont étroitement liées à la manière dont l'Homme s'en empare pour se forger une destinée. Dans *Carbon Democracy*, Timothy Mitchell, professeur à l'université Columbia, montre que les systèmes politiques, les sources d'énergie et les manières de vivre sont corrélés[1]. Il a étudié comment les systèmes politiques ont agi dans l'histoire des sociétés pour exploiter telle ou telle source d'énergie. Cela est aisément visible depuis la moitié du XXe siècle, dans un monde configuré autour du pétrole, de ses groupes industriels et financiers. Ils ont fait émerger et interagir de nouveaux comportements, devenus dominants et touchant les gestes les plus quotidiens de nos vies.

Une nouvelle temporalité a vu le jour et cette émergence est devenue irréversible à l'échelle de la planète. Même dans de grands espaces à faible densité, nous constatons ce phénomène d'urbanisation, comme l'expression agrégative des hommes, un marqueur de son existence qui vient cadencer l'ensemble de ses activités. Le bâti se verticalise, l'économie tertiaire s'obésifie, le

1. Timothy Mitchell, *Le Pouvoir politique à l'ère du pétrole* [2011], La Découverte, traduit de l'anglais par Christophe Jaquet, 2013.

centre-ville se gentrifie, des infrastructures relient ce qui était autrefois des villes séparées, une redistribution se produit dans des espaces urbains consolidés. Ce processus se généralise et produit la naissance du phénomène de la ville moderne, dite « conurbaine », « métropolitaine », « mégalopolitaine » ou « hyper-régionale » selon l'échelle utilisée pour les étudier. Ce changement exponentiel, avec un modèle de production-consommation de masse, a généré en peu de temps quatre nouveaux marqueurs de risques corrélatifs : un environnement menacé, une stratification sociale forte, une ségrégation spatiale dangereuse et une perte d'identité culturelle.

La ville attractive, celle qui gagne, va de pair avec la ville qui perd, et la richesse de la ville va de pair avec la ville socialement anxiogène, dans une dialectique indissociable. La ville reluisante avec son patrimoine est aussi la ville en proie à des incivilités majeures. Enfin, la ville des affaires va de pair avec la ville où la pauvreté prospère pour tous ceux qui doivent enchaîner trois jobs différents dans la journée pour survivre, ici, là ou ailleurs, New York et le Queens, Shanghai et le Pudong, Tokyo et Shinjuku.

À la source de la complexité, interdépendances, interactions, adaptabilité et émergence façonnent la vie dans toutes ses composantes. Partant de cette analyse systémique, je me suis intéressé à la construction urbaine, la fabrique de la ville, la forme sociale de la cité, son rayonnement économique et son attractivité, toujours en compétition, non du seul point de vue des infrastructures et des interactions numériques, mais par le prisme de l'humain, de ses besoins et de l'appropriation sociale de l'espace. Une ville est avant tout un contexte, un lieu de vie et de partage, qui a sa personnalité propre, une complexité. La ville est le produit d'une histoire à l'image de ses habitants et de leur projet commun, un projet vivant. Tenir compte de cette conjoncture, de sa complexité, est essentiel.

Prenons l'exemple de l'autopartage. Dans les grandes villes européennes, c'est une solution appréciée et soutenue par les populations qui y voient la possibilité de réduire leurs coûts de transport tout en contribuant à l'amélioration de leur environnement. En Amérique latine, aux États-Unis, la voiture est toujours un élément fort du statut social, avec comme conséquence une acceptabilité sociale très faible de l'autopartage. De la même manière, nous voyons des résistances en Europe du Sud, France comprise, à basculer vers les mobilités non polluantes, comme le vélo, dont l'adoption culturelle dans les villes du nord de l'Europe, au détriment de l'usage de la voiture, est une réalité qui date déjà depuis fort longtemps.

En dépit des différences de contexte, il nous est possible de cibler l'objectif commun qui est l'amélioration de la qualité de vie. Nous nous réjouissons que cette démarche autour de la compréhension de la ville dans sa complexité ait pris dernièrement un tournant décisif, car les gouvernances locales s'emparent de cette problématique en activant la convergence de trois leviers majeurs : l'inclusion sociale, la réinvention des infrastructures urbaines et la révolution technologique. Pourtant, l'organisation de la gouvernance, extrêmement verticalisée, sépare les tâches par métier, ce qui souvent constitue un obstacle dans une démarche de transformation. Oui, la complexité de la ville est une donnée d'entrée et ne pas la comprendre est le premier frein pour agir sur ses transformations. Ce manque amène les acteurs de la ville à oublier les caractéristiques intrinsèques à toute cité : la ville est et sera toujours incomplète. Il n'y a pas de ville idéale, elle sera toujours en travaux, en développement, en réparation. Elle sera imparfaite, quelle que soit la qualité de la vision de ses dirigeants. Il y aura toujours des incivilités, des dysfonctionnements, des nuisances, etc. Cela fait partie de l'univers urbain. L'impermanence est l'un de ses mantras, car toutes les villes sont fragiles, la moindre perturbation suffit à les dérégler.

Face à cette complexité, il faut de la modestie dans la gouvernance, bannir les « moi-je », être capable de se dire qu'on est là pour un temps restreint, contrairement à la ville, qui a toujours existé et qui continuera d'exister après notre passage. Aussi faut-il assurer une certaine continuité à l'égard des fondamentaux constituant le bien commun. Dans ces villes à visages multiples, le fil d'Ariane qui nous guide dans l'univers du corps et de l'esprit urbain a changé progressivement. Les premiers pas du XXIe siècle, avec l'ubiquité massive et ses effets d'instantanéité, ont transformé radicalement les rapports de représentation et de perception de l'univers urbain et de la vie dans la ville. Comme l'« Aleph » de Borges[1], les réseaux sociaux, nouveaux médias, incarnent le lieu où se trouve tout l'univers urbain, vu de tous les angles. Le fait urbain est devenu une réalité accessible à tous, sous toutes ses formes. Le moindre changement, le moindre dysfonctionnement est visible par tout un chacun, avec son corollaire d'exposition aux multiples regards.

Dire que la ville est un système complexe est devenu courant pour exprimer les fortes interdépendances existant entre ses multiples composantes. En revanche, situer cette complexité dans une trajectoire de transformation pour faire face aux menaces dans les années

1. Jorge Luis Borges, *L'Aleph*, Gallimard, 1977.

à venir est un exercice plus difficile. C'est ce déphasage entre la représentation instantanée de la ville et sa réelle complexité vis-à-vis des indispensables mutations qui constitue le cœur du problème aujourd'hui.

La place de l'Étoile n'a pas toujours été un rond-point avec douze avenues pour les voitures. Jusqu'en 1854, entre la IIe République et le Second Empire, l'Étoile était un parc urbain, avec un hippodrome, un lieu de loisirs et de promenade. Peu après, en prise aux transformations de Paris et aux innombrables chantiers lancés par le baron Haussmann, Baudelaire avait écrit son désespoir dans un poème des *Fleurs du mal*, *Le Cygne* : « La forme d'une ville change plus vite, hélas, que le cœur d'un mortel. » Les années 1960 et le début des années 1970 ont vu Paris désorganisé par d'innombrables travaux. Les archives de l'INA décrivent une « ville devenue un réseau de palissades et barrières ». En premier lieu, dans une période où se développe un véritable culte de l'automobile, s'implantent les voies routières. La construction du boulevard périphérique est entreprise dès 1956, avec une voie rapide de trente-cinq kilomètres qui double les boulevards des Maréchaux autour de Paris et dont le dernier tronçon fut inauguré le 25 avril 1973. Les voies sur berges de la rive droite, paisible lieu de promenade et de loisir en famille et amis, changent et sont également aménagées pour les automobiles. De même, le Réseau express régional (RER), prévu par le Schéma directeur d'aménagement et d'urbanisme élaboré en 1965, est mis en chantier afin de relier rapidement le centre de Paris et la banlieue. Et bien sûr il y a la tour Montparnasse et son gigantesque ouvrage.

La liste est longue et reflète les adaptations de la ville par rapport aux mutations produites par une vision sociétale de la « fabrique de la ville ». Elle concerne la manière de se loger, de travailler et parle de la gestion de l'ensemble des fonctions sociales accessibles, comme le déménagement des Halles à Rungis, avec la construction du Forum à sa place, des travaux qui dureront près de dix ans jusqu'à ce que les nouvelles Halles soient inaugurées par le maire de Paris, Jacques Chirac, en octobre 1979. Georges Pompidou, porteur d'une vision sur l'art, lancera le chantier du Centre Beaubourg qui durera plusieurs années et ouvrira seulement ses portes en 1977.

Nous pouvons continuer à dénombrer les grands travaux, dont la tendance est à l'oubli au profit d'une fausse vision de « sérénité urbaine », mais la réalité est tout autre. Les villes changent en tout temps et en tout lieu, et c'est bien l'une de leurs caractéristiques principales. Elles doivent s'adapter en permanence à des évolutions rendues indispensables par la succession des défis qui se présentent à elles. Comment entretenir des réseaux de fluides (électricité, eau, gaz, chaleur) existant de longue date ? Comment implémenter les nouvelles technologies (fibre optique, bornes à vélos, voitures partagées, etc.) porteuses des nouveaux usages ? Comment entretenir un parc bâtimentaire en bon état ? Les travaux sont bien une réalité qui va de pair avec les mutations de l'environnement urbain et l'évolution des modes de vie. Faire semblant d'ignorer que, dans tous les cas de figure, les années à venir donneront lieu à encore davantage de profondes transformations pour modifier nos modes de vie et transformer radicalement nos villes pour amortir les effets du changement climatique est faire acte soit de démagogie, soit d'inconscience.

De nombreuses villes dans le monde ont déclaré l'état d'urgence climatique et se sont engagées dans de profondes transformations. Le climat de l'Arctique est lui-même en plein bouleversement avec de graves conséquences sur les peuples, les ressources et les écosystèmes du monde entier, selon l'étude menée par quatre-vingts scientifiques regroupés dans le programme international SWIPA[1] (Snow, Water, Ice and Permafrost in the Arctic) faisant partie du programme de surveillance et d'évaluation de l'Arctique (PSEA) du Conseil de l'Arctique. L'étude alerte en particulier sur la disparition d'ici l'été 2030, voire plus tôt, de l'essentiel des glaces de l'océan Arctique. Autre conséquence systémique, et non des moindres, « la fonte du pergélisol, qui stocke environ 50 % du carbone du monde, touche déjà l'infrastructure du Nord et pourrait rejeter des volumes importants de méthane dans l'atmosphère », pointe la même étude. Dans un contexte où nous sommes tous reliés et interdépendants, pour rappeler l'essence même du paradigme de la complexité, « les changements dans l'Arctique seraient à l'origine de changements météorologiques dans des régions aussi éloignées que le Sud-Est asiatique, en particulier par l'affaiblissement du vortex polaire (connu sous le nom de courant-jet ou *jet-stream*) ». « L'Arctique est relié au reste de la planète », rappelle le professeur de l'université du Manitoba, David Barber, expert dans le domaine de la glace arctique et l'un des principaux auteurs du rapport SWIPA. L'effet systémique est alarmant par l'impact sur l'augmentation du niveau de la mer et ses répercussions sur l'ensemble du métabolisme de la chaîne planétaire par le biais des condensations et des précipitations.

Face à la complexité urbaine, nous cherchons à comprendre la meilleure façon d'interagir avec l'environnement socioterritorial. 80 % de la population française habite

1. https://www.amap.no/documents/download/2987/inline

sur 20 % du territoire[1], et la moitié de la population mondiale vit sur seulement 1 % de la planète[2]. Alors que la vie urbaine est en train de nous asphyxier, elle reste un objet de désir et tend à se généraliser encore et toujours. Les pics de pollution sont devenus endémiques, la biodiversité connaît une nouvelle crise d'extinction, les fossés sociaux se creusent, l'accès à l'eau est de plus en plus inégalitaire, la population augmente et, avec elle, les besoins en nourriture. Un simple regard sur notre planète est instructif, vu l'étendue des dégâts entre inondations, incendies, crises écologiques, catastrophes et maintenant la pandémie virale du Covid-19.

Le monde est un tout et l'homme, pour reprendre Edgar Morin, a séparé artificiellement des éléments naturellement liés. Une ville comme Medellín est un exemple formidable de résilience, de réinvention, de créativité *low tech* avec cette approche systémique au cœur. L'implication de la société civile dans l'identification de ses maux et dans l'envie d'apaiser l'une des villes les plus violentes au monde – du fait de sa domination par la mafia – a joué un rôle fondamental. Elle s'est reconstruite en faveur de la vie et a donné naissance au mouvement Cities for Life, qui a pris une ampleur internationale.

Il y a aussi des villes qui meurent, comme les villes industrielles de la *Rust Bell*[3], aux États-Unis, ce qui ne veut pas dire qu'elles ne peuvent renaître – Détroit en est la preuve – au travers d'une réappropriation citoyenne et

---

1. Part de la population rurale dans la population totale en France de 2006 à 2018, Statista, https://fr.statista.com/statistiques/473813/population-rurale-en-france/

2. « Half the World's Population Lives in Just 1 % of the Land », *Metrocosm*, 4 janvier 2016, http://metrocosm.com/world-population-split-in-half-map/

3. Région industrielle du nord-est des États-Unis.

selon les logiques du *do it yourself*. La complexité urbaine est aussi l'émergence de nouvelles formes d'organisation. C'est le cas de la capillarité inter-villes face aux États-nations, par exemple l'hyper-métropole virtuelle « San-San » (San Francisco/San Diego), qui représente 68 millions d'habitants, de même que l'hyper-agglomération virtuelle « BosWash » (Boston/Washington), qui regroupe 70 millions d'habitants. Ces deux grappes, théorisées et identifiées en 1961 par le géographe visionnaire Jean Gottmann dans son livre *Megalopolis*[1], dégagent une vitalité urbaine extrêmement différente de celle de l'État fédéral, ce que l'on constate par exemple au niveau électoral. Ce sont elles qui résistent en première ligne à la politique du président Trump, qui lancent des appels pour respecter les accords climatiques, qui se battent pour défendre les immigrés et les libertés fondamentales.

Dans nos villes, la nuit, la pollution lumineuse nous a coupés du ciel, de l'enchantement de la Voie lactée, des étoiles, du mouvement des planètes de la voûte céleste, des rêves de l'immensité du cosmos. Le ciel est devenu grisâtre, chargé de nuages menaçants, parfois toxiques. Dans un même mouvement, les utopies ont cédé la place aux imprécations sur la grandeur de tel ou tel dieu, de tel ou tel parti, territoire ou nation qui va devenir encore plus grand, encore plus fort, toujours plus présent dans les imaginaires. Des murailles se dressent d'abord dans les têtes, pour ensuite séparer les hommes avec des frontières. Le mensonge organisé, les propos belligérants prolifèrent, nous dressant les uns contre les autres. La méfiance, mais aussi la haine, s'installent, chargées, hélas, de violences, de prophéties autoréalisatrices. Nous avons

1. Jean Gottmann, *Megalopolis: The Urbanized Northeastern Seaboard of The United States*, Literary Licensing, Whitefish, 2012.

un besoin urgent d'une indispensable vitalité urbaine sous la forme d'un contre-pouvoir à l'État-nation, pour préserver une vie humaine riche et plurielle. Aujourd'hui, le métabolisme urbain se cristallise autour de l'enjeu climatique, qui est clairement une question de survie pour l'humanité, qui n'a jamais été autant menacée, et pour la première fois dans son histoire, par sa propre activité. Dès lors, le citadin a un rôle déterminant à endosser, qui requiert pédagogie, engagement et mobilisation.

La révolution technologique, l'hybridation avec la biotechnologie et la nanotechnologie peuvent aider à limiter voire à réparer l'impact de nos activités passées. Des mutations s'amorcent dans notre façon de penser – la prise de conscience de l'Anthropocène –, de construire – préférer le bois au béton –, de jeter – dans une démarche circulaire – et même de considérer les autres vivants. La ville polycentrique et multifonctionnelle, que j'appelle la « ville du quart d'heure », où les services essentiels sont accessibles en quinze minutes, doit représenter un habitat vivant dans ces matériaux mais également dans ce qu'elle accueille. Il est aberrant que nos espaces de vie – bâtiments, espaces communs, garages, lieux d'enseignement, etc. –, si cloisonnés, restent vides plus des deux tiers du temps. Le concept même de la manière dont nous construisons et ce que nous construisons va à l'encontre du métabolisme urbain. Ce sont des espaces publics, des zones vertes, de la biodiversité qui portent cette transformation. Il faut réinventer les places publiques sur lesquelles on se rencontre afin d'offrir la possibilité de créer des liens entre les citoyens. Le retour d'investissement dans la ville se mesure à la qualité des rencontres que l'on y crée. Je milite pour que les places publiques soient données aux citoyens dans le sens d'une opportunité de brassage, pour combattre la vulnérabilité urbaine. Si l'espace public est pris par les voitures, on ne crée pas de liens sociaux. Il est temps de reconnaître la vitalité du paradigme de la ville du XXIe siècle, une ville respirable et où les hommes peuvent investir les espaces pour échanger. Partout où elle se trouve, la ville doit répondre aux besoins de ses habitants et relever les enjeux à la fois sociaux (le bien-vivre ensemble), économiques, culturels, écologiques. L'inclusion sociale doit être au cœur des réponses du nouveau défi des villes.

Il faut de la patience et un cap clair et déterminé. Il faut surtout que les citoyens soient capables d'accepter de cohabiter avec les désagréments liés à cette transformation. En chassant le diesel des villes, l'objectif n'est pas d'importuner les automobilistes, mais de diminuer les émissions de particules fines ; si nous ne le faisons pas dans les dix années à venir, nous aurons perdu la bataille.

Pour changer la ville, il faut changer nos vies. La période actuelle est difficile parce que nous sommes entre deux étapes clés. La gouvernance de la ville doit se tourner vers les citoyens et leur proposer des modèles de partage et de biens communs. Les villes qui s'en sortiront le mieux seront celles qui sauront s'approprier l'idée d'usage et qui mettront en avant ces biens communs. L'avenir se réalise avec ses habitants mobilisés. On doit redécouvrir et apprivoiser le bien commun pour créer de la valeur et du bien-vivre ensemble. Le paradoxe est là, le combat de l'homme urbain, porté courageusement par de nombreuses villes, est celui d'un retour à son essence, à sa complexité, pour relier de nouveau ce qui a été inutilement séparé et retrouver dans le lien entre nature, vie sociale, créativité et innovation, les origines de ce mot puissant, *complexus*[1] : « tisser ensemble ».

---

1. Edgar Morin, *Introduction à la pensée complexe*, Seuil, 1990.

4

Le droit de vivre la cité

Du droit à la ville au droit à vivre dans la ville

En 1989, l'auteur-interprète Pierre Barouh[1], figure centrale de la chanson française, a écrit les paroles d'une belle chanson, *Au cabaret de la dernière chance*, ultime enregistrement d'Yves Montand avant sa mort. Dans ce texte, il évoque « ceux qui rêvent les yeux ouverts et ceux qui vivent les yeux fermés ». La force de l'art est aussi de nous amener hors des sentiers battus, l'esprit éclairé pour imaginer de nouveaux lendemains. La même année j'ai assisté à la chute du mur de Berlin. Séjournant dans le quartier de Kreuzberg, qui à l'époque faisait partie de la zone américaine de Berlin-Ouest, le contraste était rude entre la présence de mouvements alternatifs, de contre-culture avec son lot de squats à quelques centaines de mètres du silence et de l'ordre imposés dans Berlin-Est. J'ai vu cette effervescence monter, les rêves qui de part et d'autre du Mur jaillissaient. La foule s'est peu à peu installée, laissant de côté la peur et creusant les premiers trous dans le mur. Les habitants de Berlin-Est passaient par dizaines, par centaines et puis par milliers, sous

1. Voir Joël Luguern, *Pierre Barouh. L'éternel errant*, Jacques Flament Éditions, 2014.

les applaudissements, venant rejoindre l'Ouest sans contrôles et libres de leurs mouvements. Oui, il y en a qui rêvaient les yeux ouverts et d'autres qui vivaient les yeux fermés, à Berlin comme ailleurs. Mais de quels rêves s'agissait-il ? De quelles vies parlions-nous ? De vies dans une ville réunifiée ? Une ville où l'on peut se déplacer où l'on veut et en toute liberté ? Où les services essentiels sont assurés sans devoir exhiber en guise de patte blanche la valeur de son portefeuille pour y avoir droit ? Une ville accessible à chacun peu importe ses origines ? Où la culture est une expression indispensable à nos vies[1] ?

En 2001, une réforme administrative de Berlin a été mise en place et le passage de vingt-deux à douze arrondissements a entraîné la fusion de Kreuzberg avec Friedrichshain. Elle est venue acter l'assimilation des deux quartiers des anciens Berlin-Ouest et Berlin-Est, aux modes de vie autrefois opposés[2]. On peut encore se souvenir de l'architecture de Friedrichshain marquée par l'allée Karl-Marx, la plus longue d'Allemagne (2,6 kilomètres). Après avoir été totalement détruite pendant la Seconde Guerre mondiale puis sous la bannière du « réalisme socialiste » des années 1950, cette avenue fut reconstruite par 45 000 ouvriers bénévoles. Large de 89 mètres avec huit voies de circulation et de larges trottoirs menant à la mythique Alexanderplatz, elle avait été prévue pour accueillir les défilés militaires de l'ancienne République démocratique allemande

1. Voir Éléonore Muhidine, « D'un passé encombrant à l'utopie urbaine : poids mémoriel et perspectives pour Berlin », 2015 ; https://hal.archives-ouvertes.fr/halshs-01246231

2. Voir Clémence Mahé, « La marge urbaine à Berlin : quel rôle dans la construction de la ville ? Architecture, aménagement de l'espace », 2011 ; https://dumas.ccsd.cnrs.fr/dumas-01807305/document

(RDA). Toujours non classés au Patrimoine mondial de l'humanité, malgré la demande faite par la ville de Berlin, ce quartier, cette avenue ont été le symbole – comme tant d'autres – de l'expression d'un pouvoir. Trente ans plus tard, de quel Kreuzberg et de quel Friedrichshain parle-t-on ?

Le remodelage de Berlin après la réunification allemande en 1990 a exigé un énorme chantier. Le transfert de la capitale fédérale de Bonn à Berlin a donné lieu à de très importants projets architecturaux et urbanistiques, qui ont profondément transformé la ville[1]. La course à l'attractivité lancée, Berlin s'est inscrite dans un mouvement propre aux villes-monde, cosmopolites, qui avec leur propre dynamique peuvent générer une nouvelle valeur écologique, économique et sociale, façonnant notre environnement d'une manière bien différente de celle qui fut autrefois le pouvoir des États. Une transformation effectuée en moins de trente ans, imposant la ville comme l'un des plus importants et incontournables pôles urbains européens.

En 2019, l'Observatoire des investissements internationaux dans les principales métropoles du monde, le Global Cities Investment Monitor[2], publiait les résultats d'une enquête effectuée en 2018, concernant l'évaluation dans trente-cinq grandes métropoles mondiales du nombre de nouvelles implantations

1. Florian Hertweck, *La Querelle des architectes à Berlin (1989-1999). Sur la relation entre architecture, ville, histoire et identité dans la république berlinoise*, thèse de doctorat, Université Paris I/Universität Paderbon, 2007.

2. https://gp-investment-agency.com ; https://gp-investment-agency.com/wp-content/uploads/2019/06/GlobalCitiesInvestmentMonitor2019web-compressed.pdf

créatrices d'emplois. L'Europe y apparaît, celle de l'Ouest comme de l'Est, porteuse d'une progression significative, bien loin devant l'Asie et l'Amérique du Nord, avec, à sa tête, Paris, première destination européenne post-Brexit. Et pour la première fois, après avoir été la destination des investisseurs pour l'ouest de l'Europe de 2014 à 2018, le territoire de Paris-Île-de-France représentait 47 % des investissements internationaux en R&D, suivi par Singapour et Bangalore. Un chiffre qui, dans la logique d'une bascule du monde vers un nouveau paradigme géoéconomique, ne doit pas occulter que parmi les quinze premières métropoles mondiales, dix sont asiatiques. Il est alors légitime de questionner, au-delà de ce critère, le développement de nos villes-monde, métropoles et mégalopoles, en pleins bouleversements géopolitiques.

Le concept de « mégalopole », introduit en 1961 par le géographe franco-américain Jean Gottmann dans son livre *Megalopolis : The Urbanized Northeastern Seaboard of the United States*[1], désignait une nouvelle forme d'urbanisation avec un critère à la base quantitatif de plus de 12 millions d'habitants. Fernand Braudel détaillait en 1979 le concept de « ville-monde », défini par « les informations, les marchandises, les capitaux, les crédits, les hommes, les ordres, les lettres marchandes qui y affluent et qui en repartent[2] ». En 1966, les travaux de Sir Peter Hall autour de « villes mondiales[3] » s'arrêtaient à la part d'affaires du monde

1. Jean Gottmann, *Megalopolis*, *op. cit.*

2. Fernand Braudel, *Civilisation matérielle, économie et capitalisme (XVe-XVIIIe siècle)*, Armand Colin, 1979.

3. Peter Hall, *The World Cities*, Weidenfeld & Nicolson, 1966 et 1977 (poche).

qu'elles portent, idée reprise puis développée par John Friedmann et Goetz Wolff en 1982[1].

En 1991, Saskia Sassen conceptualise quant à elle la « ville globale », faisant référence de manière plus transverse à la capacité d'une ville à devenir un lieu d'influence majeur avec un très haut degré d'attractivité économique, politique et culturelle. C'est une ville jouant un rôle stratégique et s'inscrivant dans une logique de réseaux, assumant un rôle de commandement dans une économie et une société globalisées. Le groupe de recherche Globalization and World Cities Research Network[2], fondé par le professeur Peter J. Taylor de l'université de Loughborough, en Angleterre, s'est intéressé quant à lui à l'insertion des villes dans les réseaux mondiaux, dans le contexte de la mondialisation, proposant diverses catégories (Alpha, Beta, Gamma) de liens entre des villes-monde. En 2001, après le texte fondateur de Saskia Sassen, le géographe Allen Scott, lauréat du prix Vautrin-Lud – considéré comme le prix Nobel de géographie – proposait le concept « *global city region*[3] ». Un terme qui amplifie l'impact territorial de la ville-monde. La « ville-région globale » concerne le phénomène de reconfiguration de l'ensemble de l'espace urbain et territorial soumis à l'attractivité de la ville globale. Il modifie durablement l'univers suburbain et périurbain et transforme en profondeur les relations de l'ensemble des habitants de ce nouvel espace ainsi constitué.

1. John Friedmann et Goetz Wolff, « World City Formation: An Agenda for Research and Action », *International Journal of Urban and Regional Research*, vol. 6, n° 3, 1982.

2. https://www.lboro.ac.uk/gawc/

3. Allen J. Scott, *Global City-Regions: Trends, Theory, Policy*, OUP Oxford, 2001.

La financiarisation de l'économie, le développement d'une économie servicielle, la force de la pénétration du numérique, la transformation du travail, de l'emploi et des relations sociales entre les habitants du territoire, les économies d'échelle sur les infrastructures à forte intensité de capital, les atouts par la concentration des lieux d'apprentissage et d'innovation se manifestent sur un rayon d'environ cent kilomètres, sur tous les espaces et territoires autour du centre de la ville-monde. Cette situation entraîne irréversiblement une modification en profondeur des relations des habitants avec les usages, les services et le territoire. Elle s'accompagne, très souvent, de fortes inégalités sociales et territoriales, engendrant des vulnérabilités, rivalités, clivages et différences en matière de projets de développement.

Ce rayonnement de la ville-monde autour de son territoire questionne son expression structurelle et, au-delà, sa gouvernance. Incidemment, le rôle croissant de cette transformation, les effets de l'hypermétropolisation, voire de la mégalopolisation, et ses impacts sur tous les territoires, deviennent le sujet de la réflexion sur les villes. Et ce ne sont pas les terminologies qui sont apparues, comme cela a été le cas avec la *smart city*, la « smart métropole » ou la « smart région », qui suffiront à enrichir les réflexions stratégiques et les solutions opérationnelles dans un monde complexe et urbanisé.

C'est la puissance du travail de Gottmann qui définit le terme « mégalopole » en le projetant sur des territoires et en questionnant leur devenir : le « BosWash », région urbaine s'étendant sur huit cents kilomètres entre l'agglomération de Boston et Washington DC, englobant les agglomérations de Hartford, de New York et de Philadelphie, ainsi que nombre de villes de plus de 100 000 habitants, sur la côte est des États-Unis, avec plus de 70 millions d'habitants, villes connectées et liées[1], tant économiquement que par les moyens de transport[2] et de communication. Il en est de même pour la mégalopole californienne de « SanSan[3] », rassemblant plus de 40 millions d'habitants sur les six cents kilomètres entre San Francisco et San Diego[4].

De manière transnationale, il y a aussi les problématiques posées par l'aire urbaine des Grands Lacs en Amérique du Nord, « ChiPitts » (la mégalopole des Grands Lacs[5]), de 65 millions d'habitants reliant des métropoles américaines (Chicago, Détroit, Pittsburgh) et canadiennes (Montréal, Toronto, Québec, Ottawa).

En Chine, nous assistons aujourd'hui à l'émergence des hyper-régions telle la région urbaine de Shanghai[6], qui compte près de 80 millions d'habitants avec ses grandes villes de Nanjing, Hangzhou et Ningbo[7], en

---

1. John Rennie Short, « The Liquid City of Megalopolis » dans *Documents d'Anàlisi Geografica*, n° 55, 2009, p. 77-90 ; https://ddd.uab.cat/pub/dag/02121573n55/02121573n55p77.pdf

2. Michelle R. Oswald Beiler, « Sustainable Transportation Planning in the BosWash Corridor », dans Brinkmann R., Garren S. (dir.), The Palgrave Handbook of Sustainability, Palgrave Macmillan, 2018.

3. Herman Kahn et Anthony Wiener dans « The Year 2000 », en 1967 ont aussi imaginé cette mégalopole continue. En réalité, il y en a deux : NorCal et SouthCal, séparées de 615 kilomètres.

4. http://sites.utexas.edu/cm2/about/what-are-megaregions/

5. https://web.archive.org/web/20100705070713/http://cfweb.cc.ysu.edu/psi/bralich_map/great_lakes_region/great_lakes_megalopolis.pdf

6. Wen Chen *et al.*, « Polycentricity in the Yangtze River Delta Urban Agglomeration (YRDUA): More Cohesion or More Disparities ? », *Sustainability*, vol. 11, n° 11, juin 2019.

7. INALCO, « L'articulation régionale et mégalopole dans le delta du Yangzi », 2015, http://www.inalco.fr/sites/default/files/asset/document/region_urbaine_de_shanghai_-_megalopole.pdf

plus des espaces ruraux[1] qu'elle domine. Shanghai est la métropole surplombant le delta du Yangzi qui, domestiqué par le barrage des Trois-Gorges, est un axe majeur du territoire chinois. Le pôle de commandement de Shanghai a ainsi changé d'échelle, polarisant cette région dotée du plus grand port maritime mondial, devenue l'une des plus dynamiques et urbanisées au monde. On compte 119 villes qui dépassent aujourd'hui en Chine le million d'habitants[2] ; 12 hyper-régions, dont Pékin et Shanghai, font partie du club dit « des 3 000 milliards de yuans », leur PIB ayant dépassé ce montant équivalent à 370 milliards d'euros, les mettant toutes à la hauteur de la quinzième économie européenne, l'Irlande.

Au Japon, l'aire urbaine de la « Ceinture pacifique », connue sous le nom du « Corridor du Tokaido », long de 1 300 kilomètres, relie la préfecture d'Ibaraki et la préfecture de Fukuoka, avec le Grand Tokyo, Nagoya, Osaka, Sakai, Kobe, Kyoto, Fukuoka, entre autres, et concerne 105 millions d'habitants, soit 80 % de la population du Japon concentrée sur 6 % du territoire[3]. En Afrique du Sud, l'axe Johannesburg-Pretoria constitue un axe de développement hyper-métropolitain en plein développement. En Inde, l'aire urbaine de Mumbai s'étend de manière chaotique sur cent kilomètres

1. Stéphane Milhaud, « Les petites villes, de nouveaux centres pour le développement territorial chinois », *EchoGéo*, n° 27, 2014 ; http://journals.openedition.org/echogeo/13730

2. Laurence Roulleau-Berger, « Villes chinoises, *compressed* urbanisation et mondialisations », *Métropoles*, hors-série 2018 ; http://journals.openedition.org/metropoles/6149

3. André Sorensen, « Tokaido Megalopolis: lessons from a shrinking mega-conurbation », *International Planning Studies*, vol. 24, n° 1, 2019 ; https://doi.org/10.1080/13563475.2018.1514294

selon un axe nord-sud et soixante kilomètres selon un axe est-ouest, pour une population de 25 millions d'habitants. Nous pouvons également citer la « Banane bleue » ou « dorsale européenne[1] », chère à Roger Brunet et à feu Jacques Chérèque, allant de Londres à Milan.

La puissance, l'influence et le rayonnement de la vie métropolitaine, hyper-métropolitaine et mégalopolitaine questionnent vivement nos gouvernants. Comment explorer la construction de ces territoires urbains ? Quid de leur identité et de leur gouvernance ? Dans un monde en crise, la vie urbaine est une valeur à développer qui demande à être abordée avec une vision stratégique et une perspective à moyen et long termes. L'urbanisation est l'un des moteurs principaux du processus de développement dans le monde contemporain, et la force de sa présence exige des réponses qui doivent dépasser les enjeux particuliers. Entre l'ubiquité massive, avec son corollaire de présence possible simultanée en tout lieu et tout temps, l'urbanisation tous azimuts faisant des habitants le centre d'une nouvelle culture de vie citadine, et des déplacements physiques facilités par les nouvelles technologies mettant le voyage à la portée de toutes les bourses, un nouveau monde a bien émergé. En même temps, sur une planète traversée par des tensions socioterritoriales et une fragilité urbaine, devenue endémique, ce nouveau monde cristallise des problématiques qui génèrent des contextes fortement anxiogènes où le mal-être est souvent de mise.

En cette fin de décennie, les urbains sont devenus majoritaires et leur part vivant dans des villes supérieures

1. Andreas Faludi, « The "Blue Banana" Revisited », *European Journal of Spatial Development*, vol. 56, n° 1, 2015.

à un million d'habitants est passée à plus de 22 %[1]. On estime à 6,4 % la part des citadins vivant dans des villes supérieures à 10 millions d'habitants, tandis que les quinze premières villes du monde dépassent (largement pour les premières d'entre elles) les 20 millions d'habitants. Parmi elles, seule New York, huitième avec ses 23 millions d'habitants, correspond à l'axe nord-ouest qui avait prédominé jusqu'ici. Il faut passer en revue les trente premières villes avec plus de 12 millions d'habitants pour voir figurer Los Angeles et Londres.

À la fin de la prochaine décennie, 62 % de la population vivra sur 2 % du territoire mondial avec un peu moins de 30 % dans des villes de plus d'un million d'habitants. 9 % d'entre eux habiteront dans des mégalopoles supérieures à 20 millions d'habitants et des hyper-régions qui rassembleront chacune une population entre 50 et 70 millions d'habitants, comme cela se profile déjà pour Shanghai, Tokyo ou Mumbai.

L'horizon urbain s'accélère aussi dans toute l'Afrique qui basculera avec plus de 50 % d'une population essentiellement citadine, et une croissance accélérée des villes d'un million d'habitants, en parallèle des quelques grandes mégalopoles comme Lagos, Le Caire, Kinshasa, Luanda, qui continueront leur expansion irréversible. Avec environ 28 millions d'habitants, une ville comme Dacca, au Bangladesh, aura une population presque équivalente à la moitié de l'Espagne ou à un tiers de la France.

1. « Population Data Booklet, Global State of Metropolis 2020 », UN-Habitat, 2020, https://www.metropolis.org/sites/default/files/resources/UN-Habitat_Population-Data-Booklet-Global-State-Metropolis_2020.pdf ; United Nations, Departement of Economic and Social Affairs, *The 2019 Revision of World Populations Prospects*, pour l'ensemble des chiffres présentés ci-après, https://population.un.org/wpp/

Ainsi, 13 % de la population mondiale habite dans 34 villes, tandis que 50 % des Terriens privilégient des villes de moins de 500 000 habitants. En effet, les villes moyennes, entre 300 000 et 5 millions d'habitants, continuent à croître. Les projections tablent à l'horizon 2050 sur 41 grandes métropoles qui attireront 15 % de la population mondiale, mais 45 % de la population continuera à vivre dans des villes moyennes.

Un double développement s'est installé : d'un côté, l'hyper-métropole où l'on voit se dessiner des régions métropolitaines à 50 millions d'habitants, comme celles de Shanghai et Canton, et, de l'autre, une forte migration de la ruralité vers les 4 000 villes de 500 000 à 1 500 000 habitants, portées par un développement pour l'essentiel informel et sans aucune planification en amont pour les services, y compris essentiels. C'est ce panorama urbain mondial qu'il faut mettre en rapport avec la réunion de 192 pays, à Quito, à l'occasion d'Habitat III[1], et la signature du Nouvel Agenda urbain qui, hélas, à la différence de la COP21 à Paris, n'a abouti à aucun accord contraignant. Il a simplement posé l'idée de « vision et valeurs communes partagées », en vue de développer des villes et des territoires urbains plus sûrs, inclusifs, résilients et durables. Toutefois, pour la première fois, l'ONU y a reconnu la force des villes avec les organisations internationales représentant les maires et les dirigeants de collectivités locales, et encouragé leur gouvernance ainsi que la participation de l'ensemble des acteurs de la ville, à ses étapes de production et de gestion. Outre la refonte d'ONU-Habitat, restent en suspens quelques questions d'importance : qui donc mettra en œuvre ces

1. http://habitat3.org

accords ? À qui appartient la ville ? Le droit à la ville est-il inséparable de la démocratie et du respect des droits humains, et pour commencer par la délivrance des services basiques ? On est encore loin du compte.

La combinaison de ce fait urbain avec la quasi-disparition des distances, soit par l'effet ubiquitaire, soit par l'effet des moyens de déplacement rendus accessibles à tous, a entraîné un effet planétaire, dont personne n'a encore fini d'analyser les conséquences. Une culture urbaine est née. Devenue omniprésente, elle joue un effet d'attraction jamais connu auparavant, agissant comme un élément démultiplicateur dans la migration vers les villes. On est venu en ville pour trouver de meilleures conditions de vie, pour éviter la pauvreté, ou pour échapper aux pressions du *land grabbing*[1]. Mais s'installer aujourd'hui en ville participe aussi de plus en plus à cette idée de la grande *uniformisation* planétaire de la vie urbaine. Jamais il n'a été aussi simple pour les humains de s'installer dans une vie de ruralité ou dans des petites concentrations villageoises, voire faiblement urbanisées, alors que, parallèlement, jamais les villes n'ont connu une telle croissance, irréversible.

Venir en ville et embrasser la culture urbaine dans l'espoir de « devenir quelqu'un », goûter à ce monde et à ses nouveaux codes est l'opportunité d'emprunter une nouvelle identité venant bousculer les rapports sociaux fondés sur les appartenances de classe que nous avons connus auparavant. Celle-ci ne les fait pas disparaître, mais les occulte souvent. Elle peut aussi les adoucir, pour vouloir « fondre » l'individu dans une

1. Pratique qui désigne une prise de contrôle du secteur agricole d'un pays par des investisseurs d'un autre pays.

sorte de « néo-vie urbaine », ou au contraire faire ressortir ses origines de leur tréfonds pour exprimer leur particularité.

De la vie urbaine à l'expression ouverte de sa fragilité, il existe un court chemin qui réclame toute notre attention. Il y a moins d'un siècle il fallait quinze à vingt jours pour rejoindre les Amériques depuis l'Europe, vingt à trente jours pour atteindre l'Afrique du Sud ou l'Australie, alors qu'aujourd'hui il ne nous suffit que de quelques heures, voire d'une journée et demie maximum. En quelques années, le monde entier s'est mis à la portée de toutes les bourses. Presque toute l'Europe est accessible en quelques heures de train ou de vol. Avec les low cost, les tarifs affichent quelques dizaines d'euros et les hébergements ont été rendus possibles par l'optimisation des plateformes de mise en relation. Et cela est vrai pour tous les continents sans exception.

Le monde n'a jamais été aussi physiquement accessible avec la pratique d'une culture urbaine, qui rend si doux le passage d'une ville à l'autre, même éloignées, sans se heurter à ce que nous appelions autrefois le fameux « handicap cognitif » en arrivant dans d'autres lieux, temps et cultures. L'effet de la globalisation est visible avec les boutiques, magasins, chaînes de restauration identique, les mêmes plateformes et les mêmes interfaces pour se géolocaliser, se loger ou se déplacer. Même la barrière des langues s'estompe grâce à de multiples outils. Se guider, découvrir, flâner devient immédiat, sans l'aide particulière d'autrui. Les smartphones, appareils connectés et applications mobiles sont à disposition des grands, petits, jeunes et vieux, ayant fait des études ou pas. Le monde est ainsi à la portée de tous. Un clic et nous sommes ailleurs.

Aujourd'hui, près de deux tiers des Français de 15 ans ou plus ont effectué un séjour d'au moins quatre nuits loin de chez eux. Pourtant, sur cette même planète, ce monde urbain reste traversé par la peur de l'autre, par le rejet de l'étranger, le repli identitaire. Des murs se dressent ou sont en projet. Les populismes sont portés par une adhésion qui s'exprime et se mobilise dans les urnes, provoquant leur accession au pouvoir – il suffit de voir la situation politique aux États-Unis, Brésil ou les suites du Brexit, sans parler du contexte européen complexe et de sa perception en France, pour s'en rendre compte.

Sans doute est-ce une contradiction véhiculée par l'incompréhension, voire l'ignorance de ce qui est le caractère intrinsèque du fait urbain, dans un monde ubiquitaire, connecté et globalisé. Cela est aussi favorisé par la manipulation de certains dirigeants se disant « patriotes », développant en réalité un nauséabond fonds de commerce électoral, avec en particulier ce qu'ils appellent « la lutte contre le cosmopolitisme ». Drôle d'idée que de vouloir lutter contre cette notion à l'étymologie si démocratique qui, à partir de deux mots grecs, *cosmos* (l'« univers ») et *politês* (le « citoyen »), conçoit un troisième terme considérant comme citoyen du monde chaque individu, quelle que soit sa terre d'origine.

Cela est d'autant plus dissonant que, dans le même temps, les économies deviennent des services, les plateformes s'imposent dans un monde sans frontières développant les transports, l'hébergement, la restauration en particulier. C'est le cas de la France, pays accueillant le plus de touristes internationaux au monde, ce qui représente 89,3 millions de visiteurs en 2018 (70 millions de touristes européens et 19,3 millions de touristes extraeuropéens), soit 1,3 fois sa population (nous parlons de 185 milliards d'euros de revenus, correspondant à 7,2 % du PIB[1]). Le nombre de Chinois accueillis dans l'Hexagone a bondi ces dix dernières années, passant de 715 000 en 2009 à quelque 2,2 millions en 2018, selon Atout France[2], l'agence nationale qui promeut le tourisme hexagonal à l'étranger. Si les Chinois ne représentent que 2,5 % de la fréquentation touristique totale, avec 4 milliards d'euros de dépenses, ils totalisent 7 % de la recette touristique, d'après Jean-Pierre Mas, président des Entreprises du voyage[3], l'organisation qui représente le secteur du voyage en France.

Mais ces chiffres d'avant le Covid-19 et la chute brutale qui s'en est suivie dans le monde du voyage n'empêchent pas les mécaniques d'exclusion, contrebalancées malgré les bouleversements en cours – changement climatique, chômage, montée du populisme, de la démagogie, de la peur de l'autre – par les maires, colonne vertébrale de la confiance citoyenne, qui prennent position au nom de valeurs communes de l'humanité, de la dignité, pour que les villes soient un lieu de vie et de partage, où les hommes et les femmes puissent vivre ensemble, avec leurs différences.

La ville refuge, plus qu'un asile de charité, pose un acte culturel, social, économique, aussi ancien que la naissance des villes. La migration reste un élément incontournable de leur évolution, apportant une grande

1. « Les chiffres clés du tourisme en France », édition 2018, DGE, 5 avril 2019, https://www.veilleinfotourisme.fr/observatoire-economique/france-statistiques-officielles-nationales/les-chiffres-cles-du-tourisme-en-france-edition-2018.

2. http://www.atout-france.fr/

3. https://www.entreprisesduvoyage.org/

diversité socioculturelle. Les vingt plus grandes villes du monde accueillent près d'un migrant sur cinq. Et dans nombre d'entre elles, les migrants représentent un tiers ou plus de la population, précise le rapport de l'Organisation internationale pour les migrations (OIM)[1]. Ce sont de nouveaux réseaux interurbains extraterritoriaux qui se sont créés avec cette composante plurinationale. De plus, avec le délitement de nombreux États, de nouvelles demandes, de nouvelles frontières politiques et de gestion territoriale sont nées. C'est aussi la particularité de ce XXIe siècle, avec ses villes cosmopolites empreintes d'un grand brassage.

Par l'étendue de ce phénomène devenu mondial, les migrations urbaines du XXIe siècle façonnent sans aucun doute nos villes et nos vies en ville de manière plus affirmée que lors des siècles précédents. C'est aussi vrai quand nous disons que la famille royale du Qatar possède plus de patrimoine immobilier à Londres que la famille royale britannique (pour reprendre les propos de Saskia Sassen), quand un jeune immigré pakistanais en Dordogne, arrivé clandestinement il y a trois ans, gagne la médaille du Meilleur apprenti de France, quand Buenos Aires est la deuxième ville de la Bolivie ou quand le Québec accueille une population française équivalente à la ville de Brest.

Parmi ces exemples de vies urbaines, différentes manières d'agir se présentent. Il est certain que la « ville sanctuaire » est une réponse des maires du monde, considérant avec humanité les nouvelles situations. Mais cette crise met surtout en exergue les bouleversements planétaires concernant notre mode de vie, de

1. Rapport 2015 : http://publications.iom.int/system/files/pdf/wmr2015_fr.pdf ; voir https://iomfrance.org

consommation, de production, d'accès à la science, à la culture, au savoir, aux relations sociales, dans un monde en transition. Cent vingt ans après la révolution industrielle, cent ans après la révolution bolchevique, soixante-quinze ans après le fascisme et le début de la guerre froide, trente ans après la chute du mur de Berlin, c'est une autre révolution qui a eu lieu ces dernières vingt-cinq années : celle de l'hyper-croissance de nos villes. Seule la compréhension de la puissance de cette révolution permettra de poser les jalons nécessaires pour anticiper les mutations qui vont continuer à s'amplifier.

Être urbain, ce n'est plus seulement se sentir attaché à un lieu de naissance ou de vie. C'est désormais faire vivre une nouvelle culture qui a bouleversé puis fait voler en éclats les frontières existantes jusqu'alors. Ce n'est pas la révolution pour le contrôle des moyens de production qui est en jeu, mais la transformation même du sens du travail et de ses expressions sociales et relationnelles, dans un monde devenu en quelques années urbain, métropolitain, bientôt hyper-métropolitain en même temps qu'ubiquitaire. C'est la révolution écologique, non pas comme une représentation idéaliste de la nature, mais comme une transformation des relations de l'homme avec les quatre éléments, l'eau, le feu, la terre et l'air, et avec l'espace urbain et son mode d'occupation et de développement.

Mais cela entraîne aussi la révolution des rapports sociaux, en particulier celui touchant aux droits des femmes. À ce titre, la vie urbaine est intervenue comme un catalyseur de l'énergie libératrice des femmes. En quelques décennies, la massification des villes a permis aux femmes d'obtenir de nouveaux canaux d'expression, de socialisation, pour mener les combats en faveur de leurs droits, à l'avortement, contre le machisme, pour l'égalité et pour la reconnaissance de leur travail et de leurs salaires. La femme urbaine a pu avancer sur de multiples fronts contre des oppressions centenaires. La Women's March[1], avec le Pussyhat Project[2], qui s'est mobilisée massivement le lendemain de l'investiture de Trump, en est un exemple. Plus globalement, ce sont les droits sociaux de l'altérité, de la vie dans la ville, d'aimer celle ou celui que chacun/chacune a choisi, comme il/elle le souhaite, afin de construire son environnement familial tel que bon lui semble, de procréer, de ne pas procréer ou d'adopter, brisant le modèle d'une famille stéréotypée obéissant à des modèles d'autres temps, à des hiérarchies sociales dépassées, pour le moins métamorphosées par la force d'une culture urbaine qui s'ouvre à de nouvelles formes d'expression et de relations sociales.

Vingt ans après la naissance de l'Internet, dix ans après l'apparition des smartphones, et quelques années après l'arrivée de l'Internet des objets (IoT), contrairement aux apparences, ce n'est pas l'hyper-connectivité, mais l'hyper-fragmentation qui domine. La convergence avec la révolution numérique a créé une autre manière de percevoir et de sentir le territoire, l'espace et les relations sociales, qui passent par le fait d'être citadin. Sur les 4,5 milliards d'internautes dans le monde[3], plus de 3,8 milliards sont présents et actifs sur les réseaux sociaux. Nous parlons donc de 84 % des internautes et de la moitié de la population mondiale. Rien que pour

1. https://womensmarch.com
2. https://www.pussyhatproject.com
3. Digital Report 2020.

Facebook, on compte 2,7 milliards d'usagers actifs par mois dans le monde, dont 37 millions de Français[1]. L'humanité n'a jamais autant eu la capacité de communiquer et, dans le même temps, l'individu n'a jamais été aussi isolé. L'attitude de « proximité de l'inconnu », chère à Levinas[2], la reconnaissance de l'Autre et la qualité de la vie sociale caractérisée par l'altruisme et la transcendance comme source d'inspiration ne se sont pas encore produites. Au lieu de cela, nous assistons à une forme d'implosion de la déconnexion humaine où chacun, replié sur soi, se construit sa propre vérité, objet de toutes sortes de manipulations. Au-delà de la post-vérité, c'est un subtil système de croyances personnelles qui est venu se substituer à la pensée objective et à l'analyse rationnelle des faits.

Bien que le monde ait basculé majoritairement vers un mode de vie citadin, on constate qu'une culture de vie urbaine peine à développer sa « singularité positive ». Le défi est de passer d'une vie anonyme, isolée au sein d'un non-lieu, impersonnelle avec une vision négative de soi et d'autrui, à une vie citoyenne intégrée dans un environnement et portée par des ressources inspirantes et créatives. C'est l'échec de la capacité à reconnaître dans Soi et dans l'Autre ce qu'ils apportent, et en percevant ce dernier comme une menace. Lutter contre cette tendance nécessite que la vie urbaine soit créatrice de liens sociaux, d'hyper-proximité, de manière à ce que la bulle des filtres personnelle éclate au profit du mélange, générant la mobilisation et la participation civique.

1. D'après Facebook France.

2. Voir Emmanuel Levinas, *Autrement qu'être ou Au-delà de l'essence*, Le Livre de poche, coll. « Biblio-essais », 1990.

L'un des effets constatés durant les deux premières décennies urbaines du XXIe siècle est la présence massive de l'hyper-data, la donnée orientée et transformée en *fake news*, devenue tendance, *trend topic* et ultra-plébiscitée. Cette donnée – dont on doit avant tout vérifier, traiter, analyser et comprendre la source – brûle toutes les étapes rationnelles pour être érigée en vérité invérifiable qui se propage ensuite, et qui vivra sa vie comme arme redoutable de la guerre des cultures sans merci. Perte de confiance, interaction émotionnelle et absence de compréhension des faits et du contexte deviennent les moteurs d'actions collectives, donnant lieu à des situations dont les issues sont imprévisibles. Le repli sur soi, sous la forme d'une foule numérique à la psychologie erratique, exprime un mal-être. Nous avons pu le voir avec le mouvement des Gilets jaunes. Il s'est construit sur la contestation de la taxe carbone, créant un mouvement qui a trouvé son terreau de propagation dans les réseaux sociaux. Sans aucune structuration, spontané, chaotique, il a agrégé à partir de son lancement en octobre 2018 de multiples groupes sur Facebook comptant chacun des centaines de milliers de membres. Le manifeste en ligne de Mme Priscillia Ludosky de mai 2018 a dépassé le million de signatures, la vidéo d'octobre 2018 de Mme Jacline Mouraud adressée au président Emmanuel Macron est devenue virale, avec six millions de vues en peu de temps, et la dynamique enclenchée a donné lieu à un vaste mouvement qui a secoué le pays.

Cette crise est bien plus que l'expression d'une confrontation sociale. Elle est avant tout le passage d'un paradigme post-industriel à un paradigme des usages et des services. Aller travailler devient synonyme de faire un long trajet – souvent en voiture individuelle – pour rejoindre une zone urbaine, alors que l'on vit sur un territoire à faible ou moyenne densité. L'économie traditionnelle a décliné mais les modes de déplacement et de travail restent inchangés. Tous les ingrédients d'une explosion sociale sont là, avec des étincelles à peine visibles aux yeux des gouvernants et des représentants des institutions traditionnelles. Les gouvernants nationaux ont perdu le fil qui les liait aux villes, aux territoires et à leurs habitants. La méfiance à leur égard s'est installée. Les décennies passées ont été celles du « droit à la ville » théorisé par Henri Lefebvre[1], qui a donné un cap aux mouvements urbains, avec en son centre la lutte pour un logement digne. C'est maintenant le « droit *à la vie* dans la ville » qui se trouve au cœur du malaise social. Les luttes à venir et les grandes transformations ne porteront non pas uniquement sur le logement mais aussi sur l'accession digne aux fonctions sociales essentielles pour la qualité de vie : travailler, s'approvisionner, se soigner, s'éduquer et s'épanouir.

Les signaux faibles d'il y a trente ans sont devenus des drapeaux rouges que nous ne pouvons plus ignorer. Il faut bien se rendre à l'évidence que leur centre de gravité repose aujourd'hui sur le fait urbain. Aucune solution ne sera possible sans passer par un grand pacte social, car c'est dans les villes et à leur échelle, que devront se conjuguer au présent le *vivre-autrement*, le *vivre-mieux*, le *vivre-ensemble*, avec l'éducation, la culture, l'économie, l'inclusion sociale, la démocratie participative, la résilience et les transitions énergétiques et numériques. Villes-monde, villes moyennes, petites villes, le fait urbain est bien omniprésent. Aucune région ne pourra se développer d'une manière apaisée

1. Henri Lefebvre, *Le Droit à la ville*, Éditions Anthropos, 1968.

si elle ne construit pas une armature urbaine mettant en valeur la qualité de vie de ses villes moyennes[1], pour éviter l'engorgement et le surpeuplement des villes-métropoles[2].

Le monde n'évolue pas en douceur, il bascule d'une culture étatique, selon les sources idéologiques du XIXe siècle, vers une culture du XXIe siècle urbaine, servicielle, numérique et ubiquitaire, sur laquelle il faut construire d'autres repères. Nous ne serons plus en mesure de réenchanter un pays si nous ne réenchantons pas avant tout nos villes et nos territoires. Ce dont nous avons besoin n'est plus l'imagination au pouvoir, mais le pouvoir d'imaginer nos lieux de vie !

---

1. Voir Jean-Christophe Fromantin, « Faire des villes moyennes la nouvelle armature territoriale de la France », juillet 2020, http://www.fromantin.com/2020/07/faire-des-villes-moyennes-la-nouvelle-armature-territoriale-de-la-france/

2. Voir Christophe Demazière, « Le traitement des petites et moyennes villes par les études urbaines », *Espaces et sociétés*, n° 168-169, 2017, p. 17-32, DOI : 10.3917/esp.168.0017. https://www.cairn.info/revue-espaces-et-societes-2017-1-page-17.htm

5

Métropole durable

Rien de plus durable que la ville

Lors d'un séjour en Mongolie – le pays au plus faible taux de densité au monde, avec deux habitants par kilomètre carré –, remontant du désert de Gobi jusqu'à la capitale Oulan-Bator, j'ai été émerveillé par la population qui vit en contact avec la nature, au milieu de paysages à couper le souffle. Ce séjour est venu alimenter mes réflexions sur nos manières de vivre et nos rapports à la nature, l'habitat et la ville. Coincée aujourd'hui entre la Chine et la Russie, la Mongolie est le reliquat d'un Empire mongol qui fut au XIIIe siècle le plus grand ayant jamais existé. La dynastie de Gengis Khan a conquis une partie du monde, reliant, avec ses 33 millions de kilomètres carrés, la mer Méditerranée à l'océan Pacifique et comprenant la Russie, la Pologne, la Hongrie, la Bulgarie, l'Arménie, la Géorgie, l'Iran occidental, la Chine, la Corée et une partie de l'Asie mineure. Le monde a été dirigé par cette grande puissance qui a laissé à l'histoire une période de prospérité, la *Pax Mongolica*. Elle a permis à Marco Polo et aux marchands européens de voyager sur la « Route de la soie », au cœur d'un immense brassage humain et territorial. Le récit d'Italo Calvino déjà évoqué, *Les Villes invisibles*, est un clin d'œil à cette puissance avec un dialogue imaginaire entre Marco Polo et Kubilay Khan, le petit-fils de Gengis Khan, sous qui cet empire a atteint son apogée en 1260. Sur le plan des idées et des découvertes scientifiques, la *Pax Mongolica* a été également une période hautement bénéfique aux XIIIe et XIVe siècles pour l'Eurasie, avec une grande tolérance religieuse, des avancées technologiques majeures issues du brassage des sciences portées par les Arabes, les Chinois, les Indiens, les Perses, et de nouveaux outils pour faciliter les transactions, comme les taxes pour rendre le commerce plus accessible, les lettres bancaires ou les relais postaux. La boussole magnétique, la poudre à canon, le papier, les moulins à eau, les fours à métaux, voire la peinture en perspective, ont bouleversé le monde et finalement traversé ces territoires pour parvenir jusqu'à l'Europe[1].

En ces temps de pandémie, souvenons-nous du rôle de la peste bubonique, la peste noire, qui a éclaté en 1330, à l'ouest de la Chine. L'étendue de l'Empire mongol, en tenant compte de l'intensité des échanges commerciaux, en a été le vecteur de propagation aussi bien en Asie qu'en Europe. La peste a alors décimé 25 % de la population de l'Asie et, une fois en Europe, en 1346, 60 % de la population. Cette pandémie fut l'une des causes du déclin de l'Empire mongol, qui a vu la fin de sa domination en 1360.

Tout au long de son existence, le peuple mongol a conservé les traditions de son habitat en milieu naturel, qui puisent leurs racines dans le chamanisme, pratique spirituelle de l'Empire mongol basée sur une recherche d'harmonie, d'équilibre entre l'homme et l'environnement. L'habitat nomade est un mode de vie s'adaptant au rythme de la nature. En fonction des saisons, les noyaux familiaux et tribaux nomades se déplacent

1. Jean-Paul Roux, *Histoire de l'Empire mongol*, Fayard, 1993.

pour aller chercher les lieux le plus appropriés de pâturage. Les hommes s'occupent des animaux « à hautes pattes » (chevaux et chameaux), les femmes des animaux à « basses pattes » (chèvres, chiens). Les yourtes sont toutes de la même forme, du même diamètre, de la même couleur et l'agencement intérieur est toujours identique. Elles ne sont source d'aucune différence sociale ou économique. J'ai été marqué par cette tradition du respect des « communs » : quand on se déplace et que l'on croise un groupe qui établit son campement, il faut s'arrêter et l'aider à l'installer. De manière naturelle, cette rencontre est un moment de partage qui peut durer plusieurs jours et où tout le monde se mélange. Une fois la tâche menée à bien, c'est la fête, un autre moment de partage, qui vient perpétuer cette tradition. Je me souviens avoir passé une semaine dans ce fil de rencontres inattendues, magnifiques et enrichissantes, répondant à cette tradition bien établie d'altérité et d'hospitalité.

Dans ce cas, malgré ce mode de vie remontant à des siècles, héritage de traditions, de cultures ancestrales et d'une connaissance profonde du rythme de la terre, pourquoi les nomades ont-ils perdu au fil des années leurs repères pour venir grossir, en se sédentarisant, une ville telle Oulan-Bator – qui a connu une croissance inouïe de sa population, alimentant les deux dernières décennies par un exode rural atteignant de très grandes proportions ? avec 1,5 million d'habitants, la capitale mongole rassemble 45 % de la population du pays[1] ! Pour comprendre cette hypertrophie urbaine, représentative du siècle des villes, il faut se rendre compte qu'il y a vingt ans, en 1998, la population était de 660 000 habitants, et de 850 000 en 2002.

1. Office mongol des statistiques, 2018.

Les images des yourtes transformées en aires de jeux pour les enfants, attenantes à un bâtiment de type HLM, ont frappé mon esprit. Devenu vertical – avec des immeubles divisés en appartements –, l'habitat ne pouvait plus reproduire la tradition multigénérationnelle, spirituelle et cosmogonique permise par la yourte, précipitant ainsi la disparition d'une culture ancestrale. Et les bidonvilles devinrent légion, la périphérie de la ville accueillant des ceintures de misère, une population urbaine entassée dans des yourtes sans avoir accès aux services de base les plus élémentaires. Au rythme de la sédentarisation et du grossissement de la capitale, tout un art de vivre disparaissait peu à peu. Il me reste cette image de la centrale à charbon plantée au milieu de la capitale, source de pollution majeure dans l'un des lieux du monde les plus propices à une vie saine. La branche « Villes et Santé » de l'OMS a d'ailleurs lancé un programme spécial d'aide à Oulan-Bator, aujourd'hui classée parmi les villes les plus polluées au monde[1].

Sur d'autres continents, des situations équivalentes existent où, malgré des us et coutumes différents, on retrouve cette même contradiction, intrinsèque au XXIe siècle : une ville au pouvoir attracteur démultiplié par l'omniprésence de la connectivité des réseaux sociaux. C'est le développement d'un esprit grégaire alors que, de manière paradoxale, grâce à cette même hyperconnectivité, la vie pourrait être menée autrement, sans le besoin d'abandonner ces modes de vie au diapason de la saisonnalité de la terre. Un paradoxe qui se traduit par les conséquences néfastes de l'augmentation des besoins par le biais de la concentration urbaine et l'utilisation plus intensive des ressources, qui viennent d'ailleurs. La

1. Source OMS.

linéarité de la vie urbaine vient rompre la circularité naturelle de ce mode de vie préservé jusqu'alors.

L'humanité épuise plus tôt les ressources qui lui permettent de vivre toute l'année. Le jour du dépassement arrive désormais en milieu d'année et l'humanité vit à crédit sur la nature le reste du temps[1]. En 1970, ce jour arrivait à la fin du mois de décembre et « une seule Terre » suffisait pour couvrir les besoins de l'ensemble de l'humanité. Trente ans plus tard, en 2000, le jour du dépassement avait lieu avant la fin du mois de septembre et, en 2019, fin juillet. La première année où cette date a reculé est en 2020, un recul d'un mois, le 22 août. Mais nous avons encore besoin de 1,6 planète pour vivre ! Cette situation d'amélioration en 2020 est éclairante – si besoin était – sur le rôle central des villes. La pandémie virale du Covid-19 ayant entraîné une mise sous cloche généralisée, nous avons assisté à un phénomène nouveau de frugalité, ayant épargné les ressources de la planète. Jamais auparavant nous n'avions eu une preuve si flagrante de la puissance des villes et de son rôle dans l'épuisement de nos ressources.

Peut-on, dans cette période d'incertitude qui s'ouvre, ramener les urbains et les humains en général à un peu d'humilité ? D'un point de vue strictement statistique, la présence de l'homme sur Terre est une donnée relative car, en réalité, 99 % des espèces qui y ont existé ont disparu. Les espèces vivant aujourd'hui sur notre planète ne représentent approximativement que 1 % de toutes les espèces connues. Avec ses 4,5 milliards d'années, la Terre n'a pas eu besoin de l'homme pour exister. Et

1. Progression du « jour du dépassement mondial » de 1970 à 2020. https://www.overshootday.org/newsroom/dates-jour-depassement-mondial/

nous pourrions être aux portes d'une sixième extinction[1] ayant pour origine l'activité humaine incontrôlée !

Un raccourci survient quand nous évoquons la bataille pour un *monde durable*. La rigueur impose d'utiliser ce terme de *monde durable* avec toute la profondeur sémantique possible, en pointant la convergence de trois défis à relever pour obtenir un monde vivable, viable et équitable. Lorsque l'économiste Muhammad Yunus, Prix Nobel de la paix 2006, écrit son livre *A World of Three Zeros*[2] en 2017, il imagine un monde avec « zéro carbone, zéro pauvreté et zéro exclusion », faisant référence aux trois besoins inséparables de la vie : écologique, social et économique. Aucune de ces trois composantes ne doit être ignorée, si nous parlons d'un monde réellement durable. La complexité enseignée avec toute l'universalité dont est capable Edgar Morin nous amène à mieux comprendre leurs intersections. Celle entre l'écologie et le social est un monde vivable, entre l'écologie et l'économie, un monde viable, tandis que celle croisant le social et l'économie évoque un monde équitable. Oui, un monde durable est à l'intersection d'un monde vivable, viable et équitable.

Se battre pour l'écologie, en voulant un monde durable, va de pair avec un monde où justice climatique, justice sociale et justice économique sont des engagements inséparables. Dans une société essentiellement urbaine, cela demande de traduire cette volonté à l'échelle de chaque ville, de chaque métropole, de chaque territoire, de lui donner corps par des actions concrètes qui la

1. Gerardo Ceballos, Paul R. Ehrlich, Anthony D. Barnosky, Andrés García, Robert M. Pringle et Todd M. Palmer, « Accelerated Modern Human – Induced Species Losses: Entering the sixth Mass Extinction », *Science Advances*, juin 2015 ; https://advances.sciencemag.org/content/1/5/e1400253

2. Muhammad Yunus, *Vers une économie à trois zéros*, Lattès, 2017.

projettent avec cohérence et créativité dans le futur. Mais l'écologie, embrassée comme démarche de protection de l'environnement, ne suffit pas. Il est nécessaire de lui adjoindre deux autres approches, la mésologie et l'éthologie, faisant réellement de l'écologie ce qui doit être sa raison d'être et son devenir : un humanisme.

La mésologie, la science des milieux, place l'action humaine au centre de son étude. Introduite en France par le grand géographe français Augustin Berque[1], elle met en lumière le rôle d'une géographie du milieu qui relie l'humain à la nature comme un tout, indissociable et inséparable. Il ne s'agit pas uniquement de notre *environnement*, mais aussi de notre manière de vivre et d'être en relation avec toutes les espèces vivantes et matières non vivantes qui constituent la nature et dont nous faisons partie.

Les sciences de l'environnement, avec l'écologie et la mésologie, ne suffisent pas non plus à répondre aux questions qui se posent. Quelle est notre perception du monde ? Comment agissons-nous face aux changements, aux défis, à la nécessité de ces changements ? Le philosophe Bruno Latour, en parlant du « nouveau régime climatique[2] », évoque brillamment le paradoxe de nos villes avec la contradiction destructrice de valeur, « du monde où l'on vit » avec « le monde dont on vit ». J'ajouterais, à l'heure de l'omniprésence de l'hyper-connectivité et de la génération des bulles de comportement, « le monde où l'on croit que l'on vit », celui du « miroir flou ». Je persiste à nommer ainsi cette déformation hyper-consumériste du

1. Voir Augustin Berque, « La mésologie, pourquoi et pour quoi faire ? », *Annales de géographie*, 2015/5 (n° 705), p. 567-579 ; https://www.cairn.info/revue-annales-de-geographie-2015-5-page-567.htm

2. Voir la « Leçon inaugurale » à Sciences Po de Bruno Latour, le 28 août 2019, https://www.youtube.com/watch?v=Db2zyVnGLsE&ab_channel=SciencesPo

« désir déformé de ville » et d'un mode de vie devenu entre-temps obsolète, élément majeur pour comprendre le décalage qui continue à s'agrandir, entre nos modes de vie urbains, les fragilités de nos ressources et les comportements délétères. Pourquoi, pour donner un exemple, face à l'urgence climatique, les SUV (les voitures les plus polluantes) sont-ils les véhicules les plus vendus, quand ils sont inutiles et encombrants en ville ? L'Agence internationale de l'énergie (AIE) a précisé dans une note le poids croissant de ces véhicules, devenus le contributeur majeur en matière d'émissions de CO_2[1]. En 2010, les SUV constituaient 18 % des ventes de voitures (35 millions d'unités) et en 2018, ils dépassaient la barre des 40 %, avec 200 millions d'unités. L'AIE indique que si cette croissance devait continuer à ce rythme, il s'agirait d'une demande équivalente à deux millions de barils par jour supplémentaires, à l'horizon des vingt prochaines années. À elle seule, celle-ci viendrait annuler les économies énergétiques faites par environ 150 millions de véhicules électriques.

La troisième approche, indissociable et capitale, matrice de changement indispensable, est l'éthologie, la science du comportement[2]. Comment être un acteur conscient du changement, ou alors, selon notre inconscience, un facteur d'immobilisme, de blocage, de régression ? Comment expliquer sans l'éthologie les innombrables

1. Laura Cozzi et Apostolos Petropoulos, « Growing Preference for SUVs Challenges Emissions Reductions in Passenger Car Market », IEA, octobre 2019, https://www.iea.org/commentaries/growing-preference-for-suvs-challenges-emissions-reductions-in-passenger-car-market

2. Raymond Campan et Felicita Scapini (dir.), *Éthologie. Approche systémique du comportement*, chap. I, « Histoire de l'éthologie », De Boeck Supérieur, 2002, p. 9-33 ; https://www.cairn.info/ethologie--9782804137656-page-9.htm

incivilités dégradant la qualité de la vie urbaine ? La question des déchets illustre bien cette problématique. La propreté dans les villes est l'un des sujets les plus évoqués. Dans quelle mesure l'attitude citoyenne joue-t-elle un rôle et contribue-t-elle à la propreté de la ville et à la gestion des déchets ? Si l'on suspend la collecte chez l'habitant, qui pour l'essentiel déresponsabilise chacun de ses propres déchets, quelle est la proportion de ceux prêts à les prendre en charge pour les amener à un point de collecte de rue ? Interrogeons-nous : pourquoi nos déchets ne sont-ils pas un « commun » ?

Écologie, mésologie et éthologie nous permettent donc de formaliser cette conjonction entre le monde « où l'on vit », « le monde dont on vit » et « le monde où l'on croit que l'on vit » pour comprendre de manière systémique les causes du péril climatique et de l'extinction en cours de la biodiversité à l'échelle de la vie dans nos villes et nos métropoles.

Munis de ces trois éléments, nous pouvons réfléchir aux liens existants entre nature, société et mode de vie afin d'explorer cette convergence économique, sociale et environnementale. Il y va de notre compréhension des mutations provoquées par l'Anthropocène. Cela nous rappelle la justesse du combat planétaire pour les « communs ». Repensons non pas les rapports entre la nature, l'homme et la société, mais entre l'homme et l'homme, au travers de la réappropriation de la notion clé du bien commun, en ayant à cœur l'harmonie avec la nature, le respect de l'autre et de la différence.

Dans son livre *Capitalism in The Web Life : Ecology and Accumulation of Capital*[1], le professeur Jason

1. Jason W. Moore, *Capitalism in the Web Life: Ecology and Accumulation of Capital*, Verso, 2015.

W. Moore, de l'université de Binghamton (État de New York), évoque en 2015 le besoin de développer l'étude sur cette convergence des systèmes, liant étroitement climat, alimentation, travail et finances. Avec le concept de l'*oikos*[1], il propose de « penser comme un tout toutes les espèces et leur environnement, comme une relation multiforme dans laquelle les espèces produisent l'environnement, et l'environnement produit les espèces, simultanément ». Il forge dans la discussion autour de l'Anthropocène ce concept pour formaliser une nouvelle « toile de vie » interdépendante qui, en son cœur, trouve « l'âge du capital », qu'il appelle le « capitalocène ». D'autres auteurs plus radicaux, nourris par des politiques attentatoires au climat développées pour satisfaire les industriels et les lobbys (comme c'est le cas de Donald Trump aux États-Unis et de ses équivalents) vont encore plus loin. Ils ont développé le concept sociologique plus récent de « Mégalocène » ou « l'âge du sociopathe[2] », quand le narcissisme humain devient le fil conducteur de la perte planétaire, par un mélange de cupidité et d'égotisme, auquel se rajoutent l'individualisme, la haine de l'autre et le rejet de la différence.

Prendre conscience de l'Anthropocène et du mode de vie fondé sur le profit, la rentabilité, la cupidité et l'ego surdimensionné est indispensable pour comprendre que la survie de l'humanité est en jeu. La pensée complexe pour les gouvernances étatiques, c'est aussi respecter, écouter, dialoguer avec tous ceux qui agissent, dans les métropoles, les villes, les territoires et tous les citoyens qui sont engagés à changer de paradigme.

1. Qui signifie, en grec ancien, « maison », « patrimoine ».

2. Notion que l'on doit à Derrick Jensen, écrivain et activiste écologiste, membre fondateur de Deep Green Resistance.

En 2009, la Banque mondiale avait publié une étude, *Repenser la géographie économique*[1], sur le phénomène de l'urbanisation introduisant la ville comme « catalyseur de développement et progrès » pour poser un regard positif sur la densification et les inégalités urbaines qui, à l'heure actuelle, redeviennent d'actualité. En effet, la production se concentre dans les grandes villes, les provinces dynamiques et les pays riches :

– 60 % de la production mondiale provient de 600 villes qui occupent à peine 1,5 % des terres de la planète[2].

– Le Caire produit plus de la moitié du PIB de l'Égypte, n'utilisant qu'à peine 0,5 % de son territoire.

– Trois États du sud et du centre du Brésil représentent 15 % de la superficie du pays, mais plus de la moitié de la production nationale.

– Les principaux centres urbains de l'Amérique du Nord, de l'Union européenne et du Japon (qui comptent moins d'un milliard d'habitants) entrent pour les trois quarts dans la richesse du monde.

Mais cette concentration économique, devenue essentiellement urbaine, s'est traduite dix ans après cette étude, en 2020, par un terrible constat : l'exclusion d'une partie des populations. C'est devenu le paradoxe de la ville *catalyseur*. Plus la ville développe son métabolisme socio-économique, plus son attractivité attire des candidats désireux d'y prendre part, plus la pauvreté et l'exclusion sociale s'installent.

---

1. Banque mondiale, « Reshaping Economic Geography », 2009, http://documents1.worldbank.org/curated/en/730971468139804495/pdf/437380REVISED01BLIC1097808213760720.pdf

2. Ginerva Rosati, « Urban World : mapping the economic power of cities », The Urban Media Lab., https://labgov.city/theurbanmedialab/urban-world-mapping-the-economic-power-of-cities/

On a déjà évoqué qu'il était impossible de comprendre le rôle de deuxième puissance économique mondiale de la Chine et ses perspectives de développement sans se pencher sur le phénomène d'émergence de ses trois hyper-régions[1], le pôle nord avec l'axe Pékin-Harbin, le pôle du delta du Yangzi avec Shanghai, Ningbo-Zhoushan (le plus grand port au monde), Hangzhou et cent cinquante autres villes, et le pôle du delta de la rivière des Perles, comprenant l'axe Macao-Hong Kong. Faisons maintenant un zoom sur ce dernier. Avec une population globale d'environ 66 millions d'habitants, ce delta est aujourd'hui la plus grande région urbaine au monde. Cette hyper-région s'est urbanisée en quelques années, affichant la croissance urbaine la plus rapide de l'humanité. Comme les deux autres pôles, il est en réalité un réseau maillé de villes, ports et zones économiques spéciales[2]. La migration massive de millions de Chinois venus s'y installer est allée de pair avec la croissance et le palmarès de cette zone urbaine. La décentralisation administrative de l'hyper-région du delta s'est accompagnée d'un développement fondé sur les bourgs et les villages ayant converti l'héritage industriel des communes populaires. Pour répondre aux besoins du marché national et international, elle est devenue la région polynucléaire la plus puissante et la plus étendue. Ce pôle tire sa force économique d'un éclatement structurel paradoxal. L'économie du delta de la rivière des Perles a un PIB équivalent à celui de

1. Jeff Desjardins, « 35 Chinese Cities With Economies as Big as Countries », *Visual Capitalist*, novembre 2017, https://www.visualcapitalist.com/31-chinese-cities-economies-big-countries/

2. Graeme Villeret, « Mégalopole du delta de la rivière des Perles », PopulationData.net, 2016, https://www.populationdata.net/2016/06/21/megalopole-delta-de-riviere-perles/

la Corée du Sud, hissant la région parmi les plus riches du monde[1].

Sous une autre latitude, à quelques heures de Paris, se trouve la région de la « Randstad » (littéralement « conurbation en anneau » en néerlandais), regroupant Amsterdam, Rotterdam, La Haye et Utrecht. Bien qu'aucune centralisation institutionnelle n'ait été organisée entre ces villes, la Randstad totalise plus de 8 millions d'habitants, soit les deux cinquièmes de la population des Pays-Bas[2]. Il s'agit de la quatrième zone économique urbaine de l'Union européenne, après Paris, Londres et Milan. Reliant par ce maillage le plus grand port d'Europe, Rotterdam, et le troisième aéroport d'Europe, Amsterdam-Schiphol, avec des villes en réseau, cette région a réussi à conserver un centre peu peuplé, appelé *Groene Hart* (« centre vert »). Zone urbaine étroitement liée à la préservation de l'environnement, elle est un laboratoire grandeur nature. Classée paysage d'intérêt national, elle représente un patrimoine environnemental avec la préservation des tourbières, la conciliation d'une agriculture performante et d'une intense fréquentation récréative, avec l'aménagement de corridors écologiques et d'une trame bleue et verte dans ce *grand jardin de la ville*.

Proche de nous également, Milan est un cas d'étude intéressant dans le contexte d'une situation politique italienne complexe. La vie urbaine de cette capitale du nord de l'Italie est un exemple de métabolisme socioterritorial

1. Nick Routley, « This is How the Pearl River Delta Has Transformed from Farmland into a Megacity », WEF, août 2018, https://www.weforum.org/agenda/2018/08/megacity-2020-the-pearl-river-delta-s-astonishing-growth/

2. Vlad Moca-Grama, « What is the Randstad ? The Complete Explainer », *Dutch Review*, février 2020, https://dutchreview.com/culture/randstad-explainer/

dynamique. L'Exposition universelle de 2015 a été le point d'orgue d'un processus de renouvellement mené sur une période de dix ans. Il y a eu l'épisode des quarante-deux palmiers, suivi de bananiers, plantés sur le parvis de la fameuse cathédrale de Milan, le Duomo, provoquant le rire des Italiens. Sous la bannière « Milan qui ose », le maire a continué son action, puisant dans l'ADN de la ville pour faire naître une identité de métropole polyfacétique, séduisante, culturelle, académique, industrieuse, créative, accueillante et capable de s'adapter aux changements. Siège d'importantes sociétés, capitale de la mode, du design, de l'édition, dotée d'une puissante université, Bocconi, et d'importants lieux artistiques comme la Scala, Milan est devenue un pôle urbain majeur en Europe, exemplaire en regard de la crise endémique de la gouvernance italienne. Les deux tours du projet immobilier de Stefano Boeri, le Bosco Verticale, premiers bâtiments-forêts porteurs d'une nouvelle écologie urbaine, ont vu le jour en 2014[1]. Tandis que l'Italie sombrait dans une énième crise identitaire, Milan restait ouverte à l'Europe, avec un système de transports efficace, dans la région où la deuxième autoroute au monde avait été construite. Capitale de la région Lombardie, peuplée par 1,3 million d'habitants[2], 3,2 millions dans les 134 communes de sa métropole[3] et au centre du quatrième bassin territorial de 8,1 millions d'habitants, Milan possède l'un des plus

1. https://www.stefanoboeriarchitetti.net/en/project/vertical-forest/

2. Comune di Milano, Area Open Data, Unità Statistica, 2016, http://mediagallery.comune.milano.it/cdm/objects/changeme:75132/datastreams/dataStream8700203706415806/content?pgpath=ist_it_contentlibrary/sa_sitecontent/segui_amministrazione/dati_statistici/popolazione_residente_a_milano

3. Milan Population 2020, World Population Review, https://worldpopulationreview.com/world-cities/milan-population

importants réseaux de tramways d'Europe occidentale – 115 kilomètres d'infrastructures et 18 lignes. Saluée par le prix du Forum international des transports, elle a interdit son accès aux voitures diesel affichant les normes Euro 0, 1, 2 et 3 à partir de 2019, avec une progressivité aux moteurs Euro 5 à l'horizon 2024. En centre-ville, dès 2012, l'« Area C » renforçait les contrôles grâce à l'extension du péage urbain « Eco Pass », créé en 1998. Son succès fut tel que la municipalité envisagea de l'étendre. Le contrôle était assuré, à chacun des quarante-trois points d'entrée de la zone Area C, par un système de vidéosurveillance et d'analyse des plaques minéralogiques des voitures entrant dans la ville, les comparant avec la base de données des personnes ayant réglé le droit de péage.

Ce ne sont que quelques exemples de natures différentes sur la complexité du développement urbain et territorial des gouvernances métropolitaines, qui nous incitent à sortir des sentiers battus pour ne pas avoir un regard figé, institutionnel, vertical, cloisonnant. Notre défi est de créer de nouvelles formes pertinentes de gestion sociale, politique, économique et écologique de ces entités territoriales. Elles sont à construire et seront certainement complexes et composites, et même parfois contradictoires.

Si l'on se focalise sur la mobilité automobile, l'un des grands enjeux des métropoles durables, les chiffres ne vont pas dans le sens de l'urgence climatique constatée. L'auto-solisme reste l'une des sources majeures de la congestion de la circulation urbaine. Mais la circulation automobile n'est pas uniquement une source de pollution. Elle est aussi à l'origine d'une appropriation de l'espace public au détriment du bien commun. Avenues, chaussées, carrefours, parkings, avec leur lot de bitume et de minéralité, sont prioritairement dédiés à la voiture, avec pour conséquence la soustraction de ces espaces aux habitants. Les récupérer, les transformer afin de les rendre aux citoyens en réintégrant vie, nature, eau est un combat pour les villes du monde entier. Le constat est simple. Mais la réponse passe par une prise de décision forte des gouvernances locales, fixant un cap, certes parfois ingrat, puisqu'il s'agit de prendre des mesures radicales, mais dont le bien-fondé va dans le sens de l'histoire. Toutefois, aujourd'hui nous avons assez de recul pour souligner l'importance capitale de cet engagement.

À Séoul, le projet proposé en 2002 de l'élimination de l'autoroute urbaine avec la récupération du canal, qui avait été enfoui, et la création du parc Cheonggyecheon, a montré dix ans plus tard qu'il était possible de transformer radicalement un espace urbain consacré aux voitures en plein centre-ville, en espace de vie.

À New York, le maire, Bill de Blasio, a annoncé des investissements et de nouvelles mesures pour améliorer la mobilité dans les rues dans le cadre du plan OneNYC 2050[1]. Les mesures comprennent une augmentation de la vitesse des bus, l'encouragement des entreprises à passer aux livraisons en dehors des heures de bureau et l'introduction de nouvelles zones donnant la priorité aux piétons du Lower Manhattan. Ces actions ont été conçues pour aider les citoyens à se déplacer et coïncident avec l'introduction du péage urbain, qui commencera en 2021. Début novembre 2019, le conseil municipal a voté 1,7 milliard de dollars d'investissements sur dix ans pour transformer les rues et améliorer considérablement la sécurité des cyclistes et des piétons. Ainsi, New York devrait livrer plus de deux cent cinquante nouvelles pistes cyclables et construire un cadre

1. https://onenyc.cityofnewyork.us

massivement piétonnier dans le cadre d'un déménagement visant à « casser la culture de l'automobile ».

À Medellín, la ville mythique de Colombie, après le Metrocable, le projet du parc urbain Parques del Río montre également comment cette initiative de récupération du fleuve est une transformation du mode de vie qui a métamorphosé la ville : retrouver la nature, développer l'inclusion sociale, proposer de nouveaux services urbains et rendre la ville à la vie est au centre de ces mutations internationalement multiprimées.

Avec le « quartier de cinq minutes », Copenhague montre toute sa vitalité créative. Nordhavn est un nouveau quartier qui marque une étape supplémentaire dans la convergence en matière de développement environnemental, social et économique par l'hyper-proximité, les multi-services et les usages accessibles en courtes distances.

En Afrique, l'exemple de Kigali montre une voie de progression dans la transformation des espaces urbains sous ce triple volet écologique, social et économique : sacs plastiques interdits depuis 2004, journée obligatoire de ramassage des déchets (l'« *umunga* »), piétonnisation massive du centre-ville et délocalisation des services, avec en toile de fond une politique ambitieuse de décarbonation. Le Rwanda est en outre un pays pionnier dans l'utilisation courante de drones pour le transport de l'assistance médicale.

En Chine, Shenzhen est aujourd'hui la ville comptant la flotte de bus électriques la plus importante au monde, résultat d'une politique visant à donner la priorité à la mobilité collective et à l'usage de l'espace public pour les habitants.

L'état critique de notre situation ne nous laisse plus le choix. Il ne peut pas y avoir de solutions intermédiaires. L'objectif de la neutralité carbone en 2050 réclame une baisse radicale des émissions sur les trente prochaines années, et la mobilité jouera un rôle déterminant. Décarbonation et hyper-proximité avec la redécouverte des ressources urbaines, des courtes distances, sont plus que jamais à l'ordre du jour.

Une métropole est inscrite dans un territoire et cet équilibre pourtant délicat à trouver est indispensable pour assurer une territorialité, qui est aussi un autre catalyseur d'opportunités fixant les habitants afin d'éviter une métropolisation porteuse d'inégalités et de mal-être.

L'amour des lieux, l'amour des villes implique un travail permanent de reconnaissance des menaces qui pèsent sur leur avenir et une responsabilité dans la diffusion des informations, car le phénomène urbain a bouleversé les rapports entre les hommes, l'habitat et la nature. Je n'hésite pas à le dire et le redire, car nous ne sommes pas assez écoutés. Oui, il y a aujourd'hui urgence à comprendre que le changement climatique, avec la construction à grande échelle, l'épuisement des ressources naturelles, la pollution massive devenue quasi permanente, le stress hydrique des villes et les effets systémiques constituent de graves atteintes à la qualité de notre vie. Ils mettent en danger notre santé et l'avenir de l'ensemble de la chaîne du vivant. Ces conséquences remettent en cause l'émergence des grandes métropoles, le développement croissant des mégalopoles, mais aussi l'attractivité des moyennes et petites villes. Ils bouleversent les relations entre nos vies, les espaces urbains, ruraux et la biodiversité.

Les maires engagés dans cette voie méritent non seulement notre soutien, mais, au-delà, notre accompagnement. Ils font preuve de courage, indispensable pour affronter les faits qui sont sous nos yeux. L'urgence est bien réelle et notre inaction sera tragique.

6

La proximité à l'épreuve des faits

La ville du quart d'heure

« Tout change : l'espace diminue, le temps se réduit, les frontières s'effacent, le monde ne fait plus qu'un seul corps. On se rend de Paris à Bruxelles dans un intervalle qui bientôt ne se comptera plus que par minutes, et l'on entreprend de faire le tour de la planète en quelques jours[1] », disait Paul Hazard lors de sa conférence intitulée « Les Français en 1930 ». Propos prémonitoires de cet intellectuel, le dernier académicien élu avant l'invasion allemande et qui ne sera jamais reçu sous la coupole, décédant juste avant la Libération.

Les lois de la physique sont sans appel. La maîtrise des sciences et des techniques par la distance, le temps, la vitesse, l'accélération, les forces, les énergies cinétiques et potentielles ont rythmé notre modernité. Pour parcourir les 470 kilomètres reliant Paris à Lyon, en 1800, une diligence mettait 108 heures. En 1840, la malle-poste, avec son accélération au galop, les réduisit à 36 heures. En 1870, il fallait 9 h 17 de train. Aujourd'hui le TGV permet de parcourir cette distance en 1 h 47[2]. La notion du temps mesuré a été

1. Paul Hazard, « Les Français en 1930 », conférence prononcée à la Société des conférences, le 28 février 1930.

2. Christophe Studeny, « Une histoire de la vitesse : le temps du voyage », dans Michel Hubert, Bertrand Montulet, Christophe Jemelin,

au départ un élément subjectif lié au vécu, au présent, aux émotions, avant d'être l'objet d'un asservissement fonctionnel, comme le rappelle l'historien des transports Christophe Studeny : « En 1830, on voyage de nuit avec les messageries, mais les haltes aux relais laissent encore le temps à George Sand au mois de mai de précéder la voiture pour courir après les papillons et cueillir des fleurs, de causer avec les vignerons sur la route. Victor Hugo, dans son périple vers les Pyrénées, ne met plus que trente-six heures, mais la poste ne laisse plus le temps de voir posément les contrées, critique reprise par nombre de voyageurs, frustrés par la course trop rapide du paysage[1]. »

La mesure du temps, avec ses pendules aux décors raffinés, a été davantage un signe extérieur de richesse que d'une utilité quelconque, avant que le développement du chemin de fer au XIXe siècle ne vienne marquer l'obligation d'une massive synchronisation, une course à la précision qui, en France, a été et reste légendaire. Mais le taylorisme suivi par le fordisme, au début du XXe siècle, avec leur mode de production à la chaîne et la massification du processus de fabrication, ont introduit, en la généralisant tous azimuts, la mesure du temps. Cet extrait d'un traité de Taylor en rend bien compte : « [Le] laisser-aller ou le ralentissement volontaire des cadences de travail procède de deux causes. Premièrement, l'instinct inné des hommes à se la couler douce, origine que l'on pourrait qualifier de nonchalance naturelle. Deuxièmement, un faisceau inextricable de raisonnements découlant des relations

---

et al. (dir.), *Mobilités et temporalités*, Presses de l'université Saint-Louis, Bruxelles, 2005, p. 113-128.

1. *Ibid.*

des travailleurs avec leurs pairs, que l'on pourrait appeler “nonchalance systématique[1]”. » L'innovation taylorienne a introduit la mesure précise du temps du geste à accomplir par chaque ouvrier. En les chronométrant, il a défini une seule façon d'accomplir chaque geste : le principe du « *one best way* ».

L'historien américain de la technologie, de la science et de l'urbanisme Lewis Mumford a considéré dans ses travaux que l'invention déterminante de la révolution industrielle était l'horloge : « L'horloge est une pièce de machinerie dont le “produit” est les secondes et les minutes[2]. » C'est au travers de cette mesure du temps, précise et ordonnée, que la division du travail a créé les « bureaux des méthodes ». Ces derniers s'occupaient de réfléchir à la manière de produire et donnaient aux ouvriers le mode d'emploi opératoire de leurs actions à accomplir. L'adoption du comptage exact du temps, jour, heure, minute, seconde est venue bouleverser l'organisation sociale, impactant tous les secteurs.

La mesure du temps autonome, attachée à nos poignets et marquant le rythme de nos vies dans sa version à quartz, remonte à la fin des années 1960. Lors des conflits sociaux de mai 1968, en partie liés aux cadences industrielles et à la contestation du système de production à la chaîne, une certaine volonté de reprendre le contrôle s'amplifie. Mais la réalité urbaine et la fabrique de la ville induite par ce mode de production va inexorablement produire une divergence qui s'étalera sur les décennies à venir : celle du temps mesuré, linéaire, entre les lieux de vie et de travail.

1. Frederick Winslow Taylor, *La Direction scientifique des entreprises*, Dunod, 1957.

2. Lewis Mumford, *Technics and Civilization*, Harcourt, Brace & Co, 1934, p. 12-18.

Les lieux de production vont s'éloigner et une segmentation spatiale repoussera les travailleurs loin de leur habitation. La désindustrialisation qui se produira par la suite amplifiera ce phénomène avec sa cohorte de maux : mal-être, mal-vivre, perte de sens. La territorialité de proximité s'estompe et laisse alors la place aux moyens de transport de masse, métro, RER, trains, ou à la voiture individuelle, symbole de pouvoir ou de réussite sociale et professionnelle. Durant toutes ces années s'incrémente la perte de la notion du temps outil au profit du seul temps linéaire, de travail ou de production.

Dans son livre *La Cité à travers l'histoire*, Lewis Mumford explore la manière dont la ville se construit[1]. Devant l'étalement urbain, il considère que les problèmes sociétaux de notre modernité sont en lien direct avec la fabrique de la ville. Lewis Mumford est un précurseur de la ville vivante, de la ville compacte, d'une vision organique privilégiant les relations entre les habitants, les individus et leurs lieux de vie. Face à la « finance métropolitaine » et à une construction désincarnée de la ville, il mettait en garde contre la manipulation politique, la démagogie et les solutions techniques qui allaient asservir l'homme dans une vie urbaine ne tenant pas compte des communautés locales : « La conception physique des villes et leurs fonctions économiques sont secondaires à leur relation à l'environnement naturel et aux valeurs spirituelles de la communauté humaine. » En 1955, dans un article paru dans le *New Yorker* intitulé « *The Sky Line* », Lewis Mumford écrivait une phrase devenue célèbre

1. *Id.*, *The City in History, its Origins, its Transformations and its Prospects*, Mariner Books, 1968.

contre le techno-solutionisme qui, avec les infrastructures de circulation et les voitures, favorisait l'étalement urbain au détriment de la qualité de vie : « La plupart des remèdes sophistiqués que les experts ont proposés pour la congestion de New York reposent sur l'idée innocente que le problème peut être résolu en augmentant la capacité des voies de circulation existantes, en multipliant le nombre de moyens d'entrer et de sortir de la ville, ou fournir plus d'espace de stationnement pour les voitures qui, pour commencer, n'auraient pas dû être attirées dans la ville. Tout comme le remède du tailleur contre l'obésité – lâcher les coutures du pantalon et desserrer la ceinture –, cela ne freine en rien les appétits gourmands qui ont fait accumuler la graisse. »

Comme ceux de Lewis Mumford, Jane Jacobs et tant d'autres, de nombreux travaux et revendications précurseurs n'ont pas été écoutés à cause de l'omniprésence du duo dominant production-consommation de masse, rendant impossible une autre vision de la territorialité, de l'espace urbain, de la temporalité et de la proximité comme sources de qualité de vie. Le point de départ de la réflexion concerne donc ces temps de vie perdus. Pourquoi les gens sont-ils obligés de se lever à six heures du matin, de faire une heure de trajet et de sacrifier leur vie familiale ? Parce qu'ils n'ont pas le choix. Leur rythme et leur routine sont imposés par la vie urbaine qui n'est plus sous contrôle. Seule une nouvelle approche de l'aménagement de la vie peut aider à tenir compte de la dimension temporelle afin de mieux synchroniser les notions de lieux, de mouvements et de temps : le chrono-urbanisme. Ce concept vient remettre en question l'usage de la ville. Il s'inscrit dans l'héritage de la ville vivante de Jane Jacobs, du mouvement du New Urbanism[1], des penseurs de la géographie du temps tel Torsten Hägerstrand[2], des travaux sur le rythme de la ville de l'école française de François Ascher[3] et de Luc Gwiazdzinski[4], entre autres.

Avec la « ville du quart d'heure[5] », j'ai souhaité aller plus avant en intégrant d'autres dimensions. J'ai voulu apporter une vision multipolaire de la ville, rapprocher les services des gens, donner plus d'importance au local, retisser les liens de voisinage, sortir du statut social imposé par le monde du travail qui humilie les chômeurs, s'éloigner de cette ville *genrée* où la voiture est associée au masculin pour retrouver l'amour des lieux. La ville multicentrique est là pour dynamiter tout cela. Dans cette approche, la forme de la ville est façonnée par nos usages. Pour optimiser les infrastructures existantes, il devient logique de démultiplier les fonctions de bâtiments habituellement à usage unique, comme faire d'une école un lieu d'activités sociales ou culturelles en dehors des heures de cours : on parle alors

1. Emily Talen (dir.), « Charter of the New Urbanism », Congress for the New Urbanism/Mc Graw Hill Education, 1999.

2. Torsten Hägerstrand, « Time Geography: Focus on the Corporeality of Man, Society and Environment », dans Shuhei Aida (dir.), *The Science and Praxis of Complexity: Contributions to the Symposium held at Montpellier, France, 9-11 May, 1984*, United Nations University Press, p. 193-216.

3. François Ascher, *Modernité : la nouvelle carte du temps*, Éditions de l'Aube/Datar, 2003 ; *id.*, « Du vivre en juste à temps au chrono-urbanisme », *Annales de la recherche urbaine*, n° 77, 1997, p. 112-122.

4. Luc Gwiazdzinski, *Quel temps est-il ? Éloge du chrono-urbanisme*, 2013 ; *id.*, *La ville 24 heures sur 24 : regards croisés sur la société en continu*, Pacte, Laboratoire de sciences sociales (2003-2015).

5. Méthodologie, Portes de Paris, « Ville du quart d'heure-territoire de la demi-heure », Transitions urbaines et territoriales, chaire ETI-Université Paris I Panthéon-Sorbonne, IAE de Paris, 2019.

de « chronotopie ». Enfin, un fort sentiment d'appartenance et d'amour pour sa ville est essentiel pour éviter qu'elle ne se désincarne et subisse le manque de respect : cette approche porte le nom de « topophilie ».

La ville du quart d'heure est venue comme la synthèse de ces trois éléments fondateurs, parce qu'elle offre un autre rythme qui permet d'avoir du temps pour soi, sa famille et ses voisins, de multiplier les usages des lieux, de susciter de la fierté et de l'attachement. Nous voulons reprendre ce temps perdu, au profit de la créativité, du temps social et du temps intérieur. Le temps s'est envolé, laissant place à l'anonymat, à la course permanente et au stress. Notre défi, pour maintenir l'intensité sociale, est d'imaginer une ville vivable, quelle que soit sa taille.

Nous voilà, au début de 2020, avec l'apparition du coronavirus, brutalement plongés dans la crise sanitaire la plus dure de l'histoire moderne[1]. Paradoxalement, cette menace mondiale agit comme le révélateur d'un fait majeur du siècle : la force du temps imposé par les villes. Pour la première fois, nous devons réfléchir et agir sur la santé des citoyens, non seulement en leur apportant un soin médical, mais aussi en leur proposant un autre rythme de vie, une autre sociabilité. Cette crise nous amène à revenir aux sources de cette notion de temps de vie. Si la vie urbaine est un problème, face au péril climatique et à ses conséquences, elle est aussi source de solutions. La prise de conscience de la dissociation existante entre l'espace et le temps constitue une étape déterminante pour remettre en question

1. Voir Carlos Moreno, *Vie urbaine et proximités à l'heure du Covid-19*, Éditions de l'Observatoire, coll. « Et après ? », juillet 2020.

nos modes de vie, de production, de consommation, dont nos déplacements, gros consommateurs de temps linéaire, ne sont qu'un corollaire.

Le défi que nous rappelle cette crise est celui du changement radical de mode de vie, ici et maintenant. Vivre autrement aujourd'hui dans une ville-monde comme Paris, Londres, Milan, Tokyo, Buenos Aires ou Bogotá qui, à l'instar de toutes les villes, se préparent à vivre une période encore inconnue avec le coronavirus, c'est avant tout changer nos rapports avec le temps et les espaces urbains. C'est interroger nos mobilités, le pourquoi de nos déplacements. La question clé revient sans cesse : dans quelle ville voulons-nous vivre ?

Le concept de la « ville du quart d'heure » a été adopté et promu par le C40 comme clé de voûte pour la relance post-pandémie, prônant une vision de la ville écologique, humaniste et juste. Il a aussi été adopté par Milan, Édimbourg, Montréal, Melbourne et Ottawa, entre autres. De la même manière, de grandes organisations internationales, telle UN-Habitat, et en particulier sa branche Amérique latine et Caraïbes, l'ont également intégré dans le cadre du Nouvel Agenda urbain 2030. Devenu très populaire, le principe de la ville du quart d'heure irrigue aujourd'hui le monde entier, ouvrant le débat sur la ville dans laquelle nous souhaitons vivre en temps de crise pandémique. Comme nouveau paradigme, ce concept de la ville de proximité va dans le sens opposé à celui de l'urbanisme moderne, qui séparait l'espace résidentiel du travail, du commerce, de l'industrie et du divertissement. Porté par la maire de Paris Anne Hidalgo, qui en a fait l'un des enjeux clés de son programme pour sa réélection, « Paris en Commun », et proposant un ensemble de mesures très concrètes, la ville du quart d'heure devient à Paris un élément important de la nouvelle mandature[1]. Il devient le centre des réflexions, des débats et des projets sur les cinq continents. En ces temps difficiles, ce concept et ses propositions représentent une voie de réflexion et d'action pour l'avenir de nos villes.

Le temps ? Disparu ! Vivant ainsi en mode accéléré, plus vite et plus loin, encore et toujours, n'ayant plus de moments à soi, nous vivons dans l'anonymat, l'angoisse et souvent la solitude. Avec la pandémie du Covid-19, cette idée a été confortée par le besoin de diminuer les lieux et les points de concentration de masse, tout en évitant le retour à la voiture individuelle. Le concept de la ville de proximités induit le développement de métropoles à échelle humaine. Il s'agit de *désaturer* la ville, l'espace public, en la maillant, en adoptant une organisation décentralisée. La voirie a été pensée comme le lieu de passage de véhicules polluants, et ce n'est plus le sens de l'histoire. Les habitants doivent pouvoir marcher, faire du vélo, profiter des rues végétalisées, des commerces de proximité, des écoles ouvertes, etc. Il est nécessaire que les places de parking en surface soient transformées en terrasses, en lieux de rencontres voire en atelier de réparation d'objets, et que nous disposions de services au plus près avec la réutilisation du mobilier urbain et le mixage des quartiers résidentiels avec des commerces.

Sollicité sur les enjeux de la densité urbaine et de ses impacts sur notre manière de vivre, j'ai proposé de repenser la ville par les usages, par la proximité, par la « démobilité ». La ville du quart d'heure, c'est une

1. « Le Paris du quart d'heure », Paris En Commun, dossier de presse, 21 janvier 2020, https://annehidalgo2020.com/wp-content/uploads/2020/01/Dossier-de-presse-Le-Paris-du-quart-dheure.pdf

autre manière de vivre, de consommer, de travailler, d'être en ville. C'est repenser la manière de se déplacer, de parcourir la ville, de l'explorer, de la découvrir. Les équipements déjà existants se verront changer de fonctions, d'usagers, de clientèle selon le jour et l'heure. Cette vie de proximités nous offrira l'opportunité de reprendre le contrôle de notre temps.

Vivre dans la proximité, c'est aussi partager un espace urbain, ses ressources et une vitalité qui s'expriment sous toutes leurs formes dans ses rues, places, jardins, parcs, berges, boulevards, murs, aires de jeux, lieux de culture, kiosques à musique, etc. La ville s'incarne sous nos yeux, au travers de lieux sensibles, lieux de vie, de travail, de loisirs, de rencontres, essentiels à notre art de vivre. Je pense que cette ville des courtes distances est une nouvelle approche pour un développement apaisé. Il s'agit de réduire le périmètre d'accès aux six fonctions sociales urbaines essentielles : l'habitat, le travail, l'approvisionnement, l'éducation, la santé et les loisirs.

Penser la « ville du quart d'heure » signifie s'interroger en profondeur sur ce que la ville propose aux habitants pour l'usage de leur temps de vie. Comme je l'ai exposé, l'héritage du fordisme, d'un mode de vie basé sur une très forte spécialisation, avec une vie urbaine segmentée spatialement, s'est traduit par le « vol » de ce qui est le plus précieux pour les hommes : le temps. C'est pourquoi un nouveau chrono-urbanisme doit être l'axe structurant de notre feuille de route répondant à la question de savoir comment offrir aux urbains une ville apaisée en satisfaisant ses fonctions sociales indispensables. Il ne s'agit plus d'aménager la ville, mais d'aménager la vie urbaine. Il s'agit d'opérer une transformation de l'espace encore fortement monofonctionnel, avec la ville-centre et ses différentes spécialisations, vers une ville polycentrique portée par quatre composantes majeures : la proximité, la mixité, la densité et l'ubiquité.

Mais de quel temps parlons-nous ? Dans la mythologie grecque, où nous puisons nos racines, Chronos est un dieu incarnant le temps mais il est aussi la destinée. Il s'unit avec la déesse Anankè, la nécessité. De leurs trois enfants, Chaos représente l'ingérable, le désordre, la désolation. Ce triptyque – temps linéaire, nécessité, chaos – a occulté les autres expressions du temps. Car chez les Grecs il en existait deux autres manifestations beaucoup moins connues. Le *kaïros*, le temps de la création opportune, celui de l'instant où se cristallise l'action, celui de la profondeur du moment, et l'*aiôn*, celui de la force de la vie, de l'immanence, de l'individuation, de la durée de vie illimitée. Le défi est de comprendre que la prédominance du temps linéaire, le *chronos*, nous a fait oublier ces deux temps, le *kaïros* et l'*aiôn*.

La ville devient alors un lieu que nous pouvons regarder autrement, voir si elle nous offre la possibilité de rencontrer ces deux autres dimensions du temps. C'est en réalité l'enjeu clé à mes yeux. Nous pouvons rester sur le mode de vie actuel, utilitaire, fondé sur la ségrégation et la séparation entre espace et temps de vie, qui nous amène à sans cesse accélérer, pour ne vivre qu'une temporalité linéaire harassante, qui inévitablement vide son sablier. Ou alors nous pouvons vivre le temps selon un autre paradigme. Rendre visible le *kaïros*, moment de création et retrouver notre humanité, avec le temps de l'*aiôn*, celui de notre souffle intérieur donnant une autre dimension à nos actions.

Quand Italo Calvino nous interpelle dans *Les Villes invisibles*, il nous amène sur cette voie : « Les villes comme les rêves sont faites de désirs et de peurs, même si le fil de leur discours est secret, leurs règles absurdes, leurs perspectives trompeuses. » Le rythme de la ville varie selon les moments de l'année et de la semaine[1]. Les congés et la désertion des habitants constituent des temps creux, où la vacance se propage aux lieux : l'espace libéré est propice à une évolution temporaire. Les saisons ont un impact sur les rythmes urbains. Cette observation de l'évolution des rythmes collectifs est transposable à la variation entre semaine de travail et week-end, et même à l'alternance journée/soirée. C'est l'image d'une ville souple, mutable[2], pouvant s'adapter aux évolutions temporelles et accueillir le changement qui se dissimule sous ce terme de chrono-urbanisme. Mais retrouver une nouvelle convergence entre l'espace et le temps va au-delà, puisqu'il s'agit en réalité de renouer avec le désir de ville tout en luttant contre les peurs qu'elle engendre.

Deux autres éléments sont essentiels pour nous aider à incarner un réel changement de mode de vie : la chronotopie et la topophilie.

La chronotopie fait converger nos espaces et nos temps de vie pour rendre visible le discours de la ville, saisir les règles de vie commune et apprivoiser les lieux dans lesquels nous vivons. Partant du constat d'un espace urbain limité et d'une densité importante, la chronotopie vise à trouver des espaces du possible

1. Voir Marine Garnier et Carlos Moreno, « La ville du ¼ d'heure et ses concepts : chrono-urbanisme, chronotopie, topophilie », chaire ETI, IAE Paris/Université Paris I Panthéon-Sorbonne, 2020.

2. Voir Anne Durand, « Covid#8 : Du virus mutant à la ville mutable : les possibles de la mutabilité », *Topophile*, 12 juin 2020.

en questionnant les usages des lieux préexistants. Il s'agit de réfléchir aux enchaînements rythmiques d'un lieu pour en révéler les multiples usages possibles. Une diversification des usages dans un même lieu apporte des bénéfices :

– pour les individus, ce sont de nouveaux espaces à investir, de nouveaux espaces de vie pour réaliser des activités ou résoudre des problématiques ;

– pour le propriétaire, il permet d'optimiser l'usage d'un équipement ou d'un espace existant.

De même que pour le chrono-urbanisme, la chronotopie a plusieurs temporalités. Un même lieu peut avoir un usage différent selon le moment de la journée (les parkings, les salles de classe…), selon le jour de la semaine (marché, cour d'école), selon le moment de l'année (université, salle de conférence, musée, quais de Seine).

La topophilie, c'est apprendre à aimer nos lieux en puisant dans notre mémoire pour les faire vivre au présent et éclairer notre futur. Parce qu'en étant conscients de l'endroit d'où nous venons, nous contribuons à façonner l'endroit où nous allons. C'est le socle essentiel des nouvelles urbanités, du respect des lieux et des objets. C'est le fil-guide pour prendre soin du bien commun. Signifiant littéralement « attachement au lieu », la topophilie se réfère à la relation de l'homme à la ville et à son environnement, et au développement d'un lien affectif, donc subjectif. Permettre le développement d'une relation affective avec un lieu est une ambition forte, dont la réussite dépend de multiples facteurs. En plus de l'adaptation des usages, des temporalités, des besoins nécessaires à proximité, nous pouvons ajouter trois éléments importants pour développer l'attachement au lieu :

– l'appropriation et l'implication des usagers dans le projet et sa réalisation ;

– la mise en scène, mise en beauté des lieux : art, typographie, couleurs, événementiel ;

– l'accès à un espace de nature à proximité ;

– le dynamisme des initiatives locales et la mise en réseau des acteurs qui donnent vie au lieu.

Chrono-urbanisme, chronotopie, topophilie, ces trois concepts convergent autour de la ville du quart d'heure, nous offrant à vivre dans une infinitude de lieux des possibles. La ville du quart d'heure propose un cycle urbain vertueux où le temps, l'espace, la qualité de vie et les sociabilités sont étroitement liés. Ce n'est pas une transformation instantanée mais une ambition, une feuille de route, un chemin. C'est un voyage pour incarner les lieux, retrouver l'humanité au bout de la rue, redonner du cœur au cœur de la ville.

Il s'agit de rapprocher la demande de l'habitant de l'offre. Nous désirons une mixité fonctionnelle en développant les interactions sociales, économiques et culturelles, tout en augmentant les espaces de rencontres et de brassage publics. Grâce au numérique et aux modèles collaboratifs et de partage, nous pouvons optimiser la palette de services. Notre volonté est de mailler nos hyper-proximités pour vivre avec des services publics de nouvelle génération. Notre défi : réinventer les communs urbains.

Plus que jamais, cette hyper-proximité sera source de nouveaux modèles économiques et sociaux, qui émergent déjà aujourd'hui. Retrouver la vie urbaine de proximité, c'est quitter la mobilité subie pour la mobilité choisie. C'est une autre manière d'habiter la ville afin que le lien social né de la proximité rende à la ville ce qu'elle possède de plus précieux : être un univers de vie. Le but est d'offrir ces multifonctionnalités, en présentiel ou via des ressources numériques permettant de diminuer les déplacements obligés. Nous voulons que cette proximité soit celle de la mixité sociale pour favoriser les rencontres, lutter contre la ségrégation et les discriminations, qu'elle soit celle de l'entraide, de la solidarité, du partage, du soin de l'autre, permettant aux plus fragiles de bénéficier du soutien de leur voisinage.

La ville du quart d'heure, c'est un lieu, plusieurs usages et pour chaque usage de nouveaux possibles. C'est la ville polycentrique, à la manière de la phrase de Pascal : « une sphère infinie dont le centre est partout, la circonférence nulle part ». L'infini est celui des usages proposés. Des infrastructures polymorphes qui aident à retrouver des rues apaisées, végétalisées, des mobilités par la marche ou le vélo, où l'on peut faire ses courses et accéder à des services près de chez soi, transformer l'école en capitale du quartier, avoir des centres de santé proches, créer des kiosques citoyens, métamorphoser une discothèque en salle de sport l'après-midi, disposer d'un centre sportif qui accueille des activités de soutien scolaire ou d'ateliers de réparation d'objets dans un commerce de proximité. La ville devient participative et solidaire, un foisonnement permanent d'initiatives citoyennes.

La densité minérale a déshumanisé la ville. Elle doit laisser la place à une densité organique *raisonnée*, *pointilliste*, immergée dans le végétal, parsemée de *connecteurs verts* avec des matériaux vivants présents en phase avec le besoin d'une intensité sociale, favorisée par les aménagements qui facilitent une vie qui respire, qui relie les hommes. Végétalisation des intérieurs, des toits, des espaces intermédiaires et des rues créent les conditions favorables au lien social.

Parmi les divers effets positifs de la ville de proximité, deux sont à relever. En premier lieu, le développement de la mixité de la population, pour maintenir un ancrage local des classes moyennes et garder la cohésion sociale. Et en second lieu, la possibilité donnée aux personnes les moins favorisées d'accéder à un bouquet de services orienté vers les familles, calculé à partir d'un taux d'effort, sous condition de ressources. En effet, la ville de la proximité combine de manière vertueuse quatre éléments clés :

– densité organique : elle agit favorablement sur les choix modaux des urbains et aide à l'incarnation de la ville ;

– proximité : elle se vit au travers d'espaces urbains partagés, d'une créativité collective et de la valorisation du patrimoine humain, culturel, matériel et immatériel, trames vertes, bleues, blanches (éclairages publics) ;

– mixité : elle a un rôle à jouer en matière d'organisation de la coprésence et de la rencontre, avec ses activités (économiques, réindustrialiser la proximité, présence de services publics), son inclusion sociale (présence associative, réseaux des voisins, hypervoisins, incubation des nouvelles urbanités, inclusivité du handicap, médiation citoyenne), l'approche intergénérationnelle (accès à la proximité aux enfants, troisième et quatrième âges, pédibus, parcours accompagnés), l'équilibre du genre (espaces publics et lieux de services en mixité hommes-femmes, marches exploratoires de femmes) et la vie culturelle (culture de proximité, spectacles vivants chez l'habitant, identité collective et ouverture aux autres, action déchets-planète) ;

– ubiquité : le numérique permet de construire des solutions d'hyper-proximité en utilisant des infrastructures présentes massivement et à faible coût pour la redécouverte du patrimoine et des richesses culturelles ; la diffusion de la culture ; le décloisonnement des services, effet palliatif à l'absence ou à la faiblesse de certains services médicaux, pédagogiques ; le développement des hyper-proximités par la formation à l'image ; le développement d'une démarche incitative citoyenne à être économe en CO_2 en privilégiant les circuits courts.

Comment faire pour qu'une ville devienne « ville du quart d'heure » ?

Il nous faut examiner la manière dont nous utilisons nos mètres carrés, à quoi ils servent, qui les utilisent et comment. Nous devons connaître les ressources disponibles et leur affectation. Identifier les services de proximité disponibles : y a-t-il des médecins, centres de santé, petits commerces, artisans, boutiques, librairies, marchés, salles de sports, cinémas, théâtres, lieux de culture, parcs et lieux de promenades ? Il nous faut aussi savoir comment les rues, les places sont utilisées. Disposons-nous de zones vertes, de jardins, de fontaines, de lieux pour se rafraîchir ? Comment travaillons-nous ? À notre domicile ou loin de notre foyer ?

Je porte un travail de recherche pour projeter notre concept de la ville du quart d'heure en zone compacte vers les zones semi-denses ou peu denses[1]. Nous avons proposé le « territoire de la demi-heure », comme

1. Le livre blanc, *Projet Portes de Paris, ville du quart d'heure, territoire de la demi-heure, transitions urbaines et territoriales*, chaire ETI, IAE Paris/Université Paris I Panthéon-Sorbonne, 2019.

adaptation autour d'une nouvelle armature territoriale. En France, la flambée des Gilets jaunes était en partie une colère liée à la mobilité. Nous pensons qu'il serait judicieux d'appliquer à ces territoires ces logiques de rapprochement des habitants de leurs activités. Certes, hors du giron de la ville, il est indéniable que la voiture reste un élément de mobilité, mais qui peut être utilisée d'une autre manière, en privilégiant par exemple le partage et en luttant contre l'auto-solisme. Je pense à la création de lignes virtuelles de covoiturage, le transport à la demande, les nouvelles mobilités partagées, les multimodalités bas carbone bénéficiant d'encouragements financiers et fiscaux. Grâce aux données en ligne, on géolocalise les habitants volontaires et on construit une ligne par approximation, créant de nouveaux parcours se fondant sur les habitudes. Le maître mot restant toujours la mutualisation des ressources.

La crise du Covid-19 a montré que cette voie était possible et a constitué un accélérateur. Nous avons dû casser le rythme de la ville, entrer au forceps dans la proximité. C'est la démonstration que la rue peut et doit retrouver son rôle initial de connecter les citoyens. Nous avons découvert qu'il était possible d'instaurer le télétravail. Nous avons pris conscience que les nouvelles technologies pouvaient aider à utiliser autrement les longs trajets obligatoires. Car, contrairement à ce qu'on pourrait penser, nous disposons de temps. Or la qualité de vie dépend directement du temps de vie disponible utile. La crise a montré que, même lorsque tout s'arrête, la ville doit continuer. La ville du quart d'heure, décentralisée, polycentrique, maillée, porte cette résilience en elle.

7

Les grandes transformations

Métropolisation, globalisation et territoires

Parlant des impasses devant lesquelles se trouve notre planète pour traiter ses problèmes vitaux, Edgar Morin écrit dans un article que « le probable est la désintégration. L'improbable mais possible est la métamorphose[1] », nous questionnant aussitôt sur ce qu'est une métamorphose. Quand tout est à repenser, quand tout est à recommencer, quand nous sommes au bord de l'implosion d'un système ou d'un mode de vie, Edgar Morin nous parle d'un recommencement qui a eu lieu « sans qu'on le sache, modeste, invisible, marginal, dispersé ». Dans cet article, il nous incite à scruter sur tous les continents ce qu'il nomme « un bouillonnement créatif, une multitude d'initiatives locales, dans le sens de la régénération économique, ou sociale, ou politique, ou cognitive, ou éducationnelle, ou éthique, ou de la réforme de vie ». Edgar Morin ajoute, visionnaire, prophétique : « Ces initiatives ne se connaissent pas les unes les autres, nulle administration ne les dénombre, nul parti n'en prend connaissance. Mais

1. Edgar Morin, « Éloge de la métamorphose », *Le Monde*, 9 janvier 2010, https://www.lemonde.fr/idees/article/2010/01/09/eloge-de-la-metamorphose-par-edgar-morin_1289625_3232.html

elles sont le vivier du futur. Il s'agit de les reconnaître, de les recenser, de les collationner, de les répertorier, et de les conjuguer en une pluralité de chemins réformateurs. » Il dénombre cinq principes d'espérance qui sont indispensables pour penser, « non pas au meilleur des mondes, mais en un monde meilleur » : le surgissement de l'improbable, les vertus génératrices-créatrices inhérentes à l'humanité, les vertus de la crise, la chance suprême et inséparable du risque suprême, et l'aspiration multimillénaire de l'humanité à l'harmonie.

Le 2 décembre 1993, alors que j'étais invité à une conférence en Colombie, le patron mondialement connu du cartel de Medellín, Pablo Escobar, était abattu sur le toit d'une maison de son quartier, tentant d'échapper aux autorités. Son empire de violence, de brutalité, d'assassinats, de trafic de drogue, de corruption, sur lequel il avait régné en maître absolu depuis 1970, prenait fin. J'étais loin d'imaginer qu'un jour, j'allais rencontrer les leaders de la renaissance de Medellín et que, en 2015, nous allions célébrer une conférence mondiale, « Cities for Life », consacrant aux yeux du monde ce que cette ville portait comme esprit de reconstruction, de résilience et de métamorphose. Medellín a en effet prouvé sa capacité à réaliser une profonde et grande transformation, rejoignant le groupe très fermé des villes les plus citées comme exemple d'innovation. Un an plus tard, c'est à Paris que la relève a été prise pour tenir cette conférence gardant le label indélébile de « ville engagée pour la vie ».

En 2020, lorsque l'on voit le chemin parcouru par Medellín, qui a vécu le martyre, nous ne pouvons que reconnaître la sagesse des paroles d'Edgar Morin, et continuer à croire en la métamorphose. « L'homme ne peut pas vivre sans illusions », écrit Eugène Sue dans *Les Mystères de Paris*[1]. Publié sur plus d'une année, ce feuilleton qui toucha en 1842 des centaines de milliers de lecteurs conte le Paris du XIXe siècle et ses tensions sociales. Roman-fleuve dans une période prérévolutionnaire, il inspira les « Mystères » d'autres cités : Marseille, Londres, Lisbonne, Naples, Berlin, Munich et Bruxelles. La puissance de la littérature enracinée dans un territoire génère un phénomène de masse, qui transcende l'œuvre pour s'identifier au lieu.

L'amour des lieux, leur puissance, voilà ce qui est porté par toutes celles et tous ceux qui pensent que, malgré les crises, il est encore possible d'imaginer qu'une métamorphose et de grandes transformations peuvent se produire. « Il ne suffit plus de dénoncer. Il nous faut maintenant énoncer », nous dit toujours Edgar Morin : « S'il faut que se constitue une conscience de "Terre-patrie", il faut promouvoir, de façon démondialisante, l'alimentation de proximité, les artisanats de proximité, les commerces de proximité, le maraîchage périurbain, les communautés locales et régionales[2]. »

L'appel est sans détour, clair et précis : labourer le terrain, s'engager dans l'action transformatrice, accompagner toutes les actions et les mouvements qui peuvent conduire à agréger les esprits de bonne volonté. Ce texte a toujours été pour moi une source d'inspiration. Il a conforté ma double conviction d'être un citoyen du monde en m'engageant pour chacun des lieux sur mon passage, mais aussi d'être parisien et de vouloir contribuer au combat que cette ville-monde mène pour elle-même, pour ses habitants et pour les autres. Ses propos sur une proximité démondialisante

---

1. Eugène Sue, *Les Mystères de Paris* [1842-1843], Robert Laffont, 2012.
2. Edgard Morin et Anne-Brigitte Kern, *Terre-patrie*, *op. cit.*

m'ont aidé à proposer la ville du quart d'heure et le territoire de la demi-heure comme les expressions de la ville et du territoire des proximités dans la « Terre-patrie ». Cet appel vibrant d'Edgar Morin, lancé il y a dix ans, garde toute son actualité et son caractère d'urgence. Je l'ai interprété également comme un hommage et une reconnaissance à tous les leaders de la proximité, ces consciences – pour reprendre le mot juste –, en particulier les maires qui se battent pour la métamorphose de leurs villes et territoires, tous ceux qui composent notre « Terre-patrie ».

Les COP, dont la COP21[1], à Paris, fondatrice des engagements pour le climat, en parallèle du « sommet des maires pour le climat », mais aussi les 17 ODD[2] de l'ONU, la conférence Habitat III[3] et les événements importants et réguliers organisés par des maires, tels le congrès CGLU[4], l'assemblée générale du C40[5], celle de Metropolis[6] ou d'associations sectorielles, l'Association internationale des maires francophones[7], Energy Cities[8], EuroCities[9], pour ne citer que quelques-unes d'entre elles, ou encore la mobilisation des maires aux États-Unis face à Trump, ou la démarche de Londres à l'heure du Brexit, tous ces engagements montrent l'influence majeure que génèrent la présence et la

1. https://www.apc-paris.com/cop-21
2. Objectifs de développement durable des Nations unies : https://www.un.org/sustainabledevelopment/fr
3. http://habitat3.org
4. https://www.uclg.org/fr
5. https://www.c40.org
6. https://www.metropolis.org
7. https://www.aimf.asso.fr
8. https://energy-cities.eu/fr
9. http://www.eurocities.eu

mobilisation des maires dans le monde, ainsi que la force vitale qu'ils représentent.

En France, la naissance de France urbaine[1] en 2017 est une avancée centrale dans la marche que l'écosystème des métropoles et des villes a entreprise dans le pays, donnant naissance à une communauté vivante dotée d'une approche collective pour faire face aux défis communs. En effet, France urbaine, née de la fusion de l'Association des maires des grandes villes de France et de l'Association des communautés urbaines de France, regroupe les élus des métropoles, des grandes communautés et des villes-centres ou périphériques. Avec ses quatre-vingt-dix-sept membres de toutes tendances politiques, elle représente trente millions d'habitants et la moitié du PIB. En prônant, lors de sa création, une « République des territoires » auprès des candidats à l'élection présidentielle de 2017[2], France urbaine a porté de manière originale une logique de proximité avec « l'alliance de territoires ». Au fond, le développement métropolitain français est un phénomène récent qui met l'accent sur la nécessité du rééquilibrage avec les territoires influencés par sa dynamique urbaine. Avec le « manifeste d'Arras », les élus portent d'une voix forte trois valeurs fondamentales, la responsabilité, le dialogue et l'autonomie, pour dessiner une ville durable, intelligente, vertueuse et respectueuse des valeurs de la République[3]. Plus que jamais, la reconnaissance de la place prise par les villes marque d'une manière indélébile et irréversible le rôle moteur

1. https://franceurbaine.org
2. https://franceurbaine.org/fichiers/documents/franceurbaine_org/association/presentation/manifeste_mars_2017.pdf
3. *Ibid.*

que les présidents des métropoles, les maires, les élus et les écosystèmes urbains joueront dans le futur.

La mondialisation se trouve aujourd'hui au cœur des débats de notre société. Des choix fondamentaux se présentent dans de nombreux pays, dont la France, autour de cette idée. Une matrice du « libre échange, de la concurrence déloyale, de l'absence de frontières », porteuse d'une menace « d'immigration massive », pour reprendre les phrases prononcées par Marine Le Pen, qui fait de cette interprétation le socle de son projet politique et sociétal. Cette vision se dédouane de toute obligation d'ouverture vers autrui, celui venu d'ailleurs, « l'étranger ». Voici un programme d'exclusion et de rejet de l'autre, celui du Rassemblement national en France, qui trouve son équivalent ailleurs. Il se décline sous toutes ses composantes, résumé dans l'expression « La France aux Français » et, s'agissant de l'Europe, pour mieux la démolir, « L'Europe des patries ».

En toutes occasions, le « flux de migrants » est brandi comme la première menace, justifiant la mise en place de contrôles musclés aux frontières nationales. Ce sont des arguments d'opportunité pour faire flamber une réaction émotionnelle de la « Maison France » en brandissant des « menaces de submersion », dont l'ensemble des statistiques migratoires prouvent l'inanité et le caractère manipulateur[1]. En réalité, ce n'est pas une logique correspondant à une période précise de notre histoire. Ils préconisent un État-nation, entouré de ses barrières, opposant les uns aux autres, qu'ils soient proches ou lointains, où qu'ils se trouvent, à

1. Insee, « Analyse des flux migratoires entre la France et l'étranger entre 2006 et 2013 » ; https://www.insee.fr/fr/statistiques/1521331

l'intérieur ou à l'extérieur. Gare à ceux qui, venus d'ailleurs, sont déjà à l'intérieur des frontières. L'ennemi est parmi nous et, en toute logique identitaire, il est indispensable de le chasser. Adieu donc liberté, égalité, fraternité, démocratie, brassage, mixité, diversité, mélange... La République ne devient que le mot creux d'une rhétorique de campagne, un prétexte fallacieux pour façonner les hommes et les femmes dans le rejet de l'autre. « La France, on l'aime ou on la quitte », et autres propos qui ne sont que la négation de l'altérité...

La réalité de notre monde au XXIe siècle est bien différente. Le monde est devenu urbain, mais sa genèse est une aventure dont la naissance remonte à plus de dix siècles. À cet égard, il faut lire l'article de Thierry Dutour, enseignant à la Sorbonne, historien du Moyen Âge, « La mondialisation, une aventure urbaine. Du Moyen Âge au "globalblabla"[1] ». L'un des aspects éclairants de son propos est de mettre en exergue l'apparition et le développement, depuis les VIIIe et IXe siècles, d'une urbanisation, dans une large mesure spontanée, d'un type nouveau. Il explique que l'urbanisation naissante constitue depuis le haut Moyen Âge une réponse aux besoins de lieux de marché et de production d'objets manufacturés, impactant l'évolution de l'Europe latine, puis celle des mondes extra-européens sous son influence à partir du XVe siècle. En réalité, nous dit-il, il existe des marchés mondiaux dès le Xe siècle. « S'ils n'existaient pas, on ne comprendrait pas comment il aurait été possible, aux alentours de 900, d'acheter à Francfort-sur-le-Main des épices venues de l'Inde, ni pourquoi, au début du XVe siècle, la

1. https://www.cairn.info/revue-vingtieme-siecle-revue-d-histoire-2004-1-page-107.htm

république de Venise, qui ne possède pas de mines d'or, frappe tous les ans dans ses ateliers 1 200 000 ducats d'or représentant quatre tonnes d'or fin. »

Thierry Dutour nous rappelle que depuis les VIIIe et IXe siècles, d'une façon toujours changeante, les villes ont été et restent des lieux de production privilégiés. « Bien souvent, la mondialisation n'est pas nommée pour qu'on puisse la comprendre, mais pour l'apprivoiser ou pour envisager de la combattre[1]. » Notre devoir est de comprendre comment l'émergence des villes-monde a changé la donne de nos repères connus au XXe siècle. Ce n'est certainement pas le « grand remplacement » ou d'autres « théories » justificatrices de la haine de l'étranger qui permettront d'analyser la complexité des relations qui se tissent entre les villes, les hommes et qui transforment les États-nations. Ce n'est pas d'une invasion ou d'une submersion que l'Europe est menacée. Ce n'est pas non plus à cause d'un flux migratoire déferlant que l'équilibre de la population française est en jeu. Le vrai sujet est dans la capacité de nos centres urbains, devenus quasi hégémoniques[2], à créer de la valeur, à rester attractifs, à développer une culture de l'innovation et de nouveaux circuits de production-consommation qui lui permettent de réinventer les territoires, la ruralité et la proximité. Notre impératif est de passer d'une République jacobine et centralisatrice à une République urbaine, métropolitaine, totalement ancrée dans

1. *Ibid.*

2. « 95 % de la population vit dans un territoire sous influence des villes. Hormis quelques lieux reculés, le mode de vie "urbain" (parfois très éloigné des centres-villes) est devenu quasi hégémonique » (Centre d'observation de la société, mars 2019, http://www.observationsociete.fr/population/donneesgeneralespopulation/la-part-de-la-population-vivant-en-ville-plafonne.html)

l'Europe, porteuse d'une alliance des territoires, qui permette de créer des emplois, d'avoir des « territoires zéro chômage » et de lutter contre l'exclusion.

Dès lors, comment analyser ce rapport du « je t'aime, moi non plus » entre la ville et la campagne ? La métropole et sa ruralité ? La question habite les enjeux des grandes transformations à venir : de quelle manière transformer les relations entre villes et campagnes, quand la vie rurale, nourricière, se transforme elle-même par la double pression de l'industrialisation agricole et d'une population devenue majoritairement urbanisée ? Comment développer une ruralité préservant la qualité de vie, la sécurité sanitaire, les sources d'eau, l'environnement, le paysage et la biodiversité, à l'heure de l'utilisation massive de pesticides, de la pollution des eaux et de l'atmosphère, de la haute productivité mécanisée, des émissions de gaz à effet de serre à laquelle par exemple l'agriculture contribue à hauteur de 16,4 %[1] ?

Il s'agit de faire face au dépeuplement des campagnes, à la diminution du nombre des exploitations, à leur très forte concentration, mais aussi au phénomène grandissant du *land grabbing* – l'achat des terres dans un autre pays pour l'importation de sa production[2] –, et d'assurer la maîtrise de nos ressources avec une chaîne alimentaire vertueuse, respectueuse de la nature, de nos sols et de

1. « Chiffres clés du climat », édition 2020, publiés par le Service de la donnée et des études statistiques (SDES) et portant sur l'année 2017, https://www.statistiques.developpement-durable.gouv.fr/chiffres-cles-du-climat-france-europe-et-monde-edition-2020-0

2. En France, les milliardaires chinois multiplient les achats de vignobles et de terres céréalières (1 700 hectares au cœur du Berry, par exemple). Le conglomérat diversifié chinois Reward Group a ainsi racheté 3 000 hectares de terres et une coopérative française lui fournit la farine dont il a besoin pour son projet d'une chaîne de boulangeries en Chine.

nos ressources hydriques. La vie de la ruralité, de plus en plus constituée par des classes populaires, demande à être réfléchie autour d'une politique d'aménagement territorial et du paysage, en résonance avec les pôles urbains qui l'entourent. Mais sans aucun doute, ces problématiques nous interrogent sur le modèle de développement des espaces ruraux et le rapport avec nos vies urbaines, ainsi que sur les axes de développement qui seront choisis. Comprendre au XXIe siècle, en France, les liens qui se sont développés entre la ville et la campagne, les grands centres urbains et la ruralité, et plus globalement entre les métropoles et les territoires, nous invite à nous pencher sur leurs évolutions au travers de notre histoire. Celles-ci sont au cœur de nos grandes transformations. Le contraste, à la manière d'un *amour vache* entre nos villes et nos campagnes, immortalisées à travers ses villages, ses images de clochers et de vie bucolique, doit se comprendre au travers des grandes décisions d'aménagement territorial qui laissent des traces profondes, toujours visibles.

La fameuse notion de « PLM » a longtemps illustré la force de ce que représentaient dans l'imaginaire français les trois grands centres urbains que sont Paris, Lyon et Marseille. Elle est indissociable dans sa structuration et son essor, des 863 kilomètres de la « ligne impériale » – ainsi nommée car chère à Napoléon III – qui ont relié par voie ferroviaire ces trois villes à la Méditerranée en partant de Paris, en traversant les régions Île-de-France, Bourgogne, Franche-Comté, Auvergne, Rhône-Alpes, et Provence-Alpes-Côte d'Azur.

Impossible également de comprendre la tendance à l'hypertrophie centralisatrice parisienne sur les autres territoires, et son effet sur certaines ruralités, sans se souvenir de l'« étoile de Legrand ». En 1842, cette proposition du directeur général des Ponts et Chaussées,

Baptiste Legrand, donna lieu à l'édification d'un « réseau national » de chemins de fer. Avec la loi du 11 juin de la même année, il deviendra le schéma général des futures voies de chemin de fer. Centré sur Paris, d'où son nom d'étoile, il permettra de relier les différentes régions à la capitale. Une tendance qui est venue structurer les mobilités entre Paris et les territoires, avec le développement des trois premières économies françaises – Paris, Lyon et Marseille – en têtes de pont de leurs territoires respectifs. Ce mouvement inéluctable s'est effectué sous l'influence du jacobinisme centralisateur français, mais également de la concurrence internationale, déjà existante à l'époque, car la France était nettement en retard concernant l'exploitation et les concessions ferroviaires comparée à l'Angleterre, aux États allemands, à la Belgique, sans même parler des États-Unis, avec seulement 319 kilomètres de ligne en exploitation.

Paradoxe à la française, malgré nos vingt-deux métropoles, la commune reste une réalité enracinée dans son histoire. Si, avec ses clochers, l'idée de la commune rurale s'inscrit dans la représentation nostalgique d'une autre époque, il n'en reste pas moins que cet héritage de l'Ancien Régime a construit un maillage d'organisation territoriale à partir des 60 000 paroisses de l'époque. La paroisse, qui permettait de garder une unité administrative et fiscale, était sa plus petite échelle du découpage territorial. Grâce à elle les rois de France, régnant sur le « royaume aux cent mille clochers », pouvaient ainsi avoir un lien direct avec les territoires, outrepassant les pouvoirs locaux des seigneurs.

À la Révolution, sur proposition de Mirabeau, les communes naissent, adoptant le principe global d'« une commune par paroisse », créant en même temps les regroupements par cantons, districts et départements. En

1792, le regroupement de certaines paroisses-communes a ramené leur nombre à 41 000, assez proche de celui que nous connaissons aujourd'hui : 90 % des communes et des départements ont gardé pour l'essentiel les contours définis à la Révolution française. Après les transformations initiées par Napoléon III, les mouvements de communes ont peu varié jusqu'à nos jours. En revanche, c'est à ce moment que Paris fut l'une des rares villes qui a vu ses limites modifiées et étendues, doublant sa surface découpée en vingt arrondissements. Le baron Haussmann entra alors en scène pour transformer la capitale et la ligne impériale susmentionnée fut lancée.

Avec la loi de 1884, un changement important intervint du point de vue politique : le conseil municipal élu au suffrage universel direct. Il est doté d'un conseil siégeant à la mairie et présidé par le maire désigné parmi les siens. Petite, moyenne ou grande, rurale ou urbaine, peu importe son contour, la commune, avec ses institutions déployées partout et de la même manière, s'est imposée dans le paysage français comme l'élément pivot de la vie de la République avec son maire, son conseil municipal, ses écoles et ses valeurs qui, autour de la devise *Liberté, Égalité, Fraternité*, façonnent l'unité de la nation. Il n'en demeure pas moins que la représentation massive de 550 000 élus municipaux se trouve confrontée à une profusion d'élus de petites communes rurales, peu habitées et en disproportion avec les métropoles. Au niveau statistique, en France métropolitaine, il faut comparer le poids des 14 534 637 habitants des 28 588 communes rurales[1] (soit 22,7 % de la population sur 80 % des communes[2]), avec d'une part les

1. Au sens du zonage en unités urbaines.
2. Insee, « Recensement de la population, 2014 ».

3 000 petites villes de 3 000 à 20 000 habitants et les 400 villes moyennes, entre 20 000 et 100 000 habitants, et d'autre part la quarantaine de villes dépassant les 100 000 habitants[1]. Avec ses 34 970 communes[2], la France est loin devant l'Allemagne réunifiée, qui possède, au 1er janvier 2020[3], 10 795 communes pour un tiers de population en plus, et l'Italie, qui, à cette même date, possède 7 904 communes[4], pour une population comparable à la nôtre.

Pour appréhender les rapports entre villes et campagnes en France, il est essentiel de comprendre une autre particularité, cette fois socio-économique. Après la révolution industrielle, les deux guerres mondiales, le boom du pétrole, le plan autoroutier des années 1970, le développement massif des grands axes de transports et le développement à la fin du XXe siècle d'une économie de services, on observe que l'attractivité urbaine s'est faite au détriment de la vie rurale, en particulier de ses petites communes. Les pôles urbains sont nés, entraînant avec eux une forte population qui a vu émerger les grandes villes françaises, devenues métropoles, avec le ratio d'aujourd'hui : 80 % de la population habite sur 20 % du territoire.

Qu'en est-il des espaces ruraux, de leurs communes et de leur population ? Il est important de bien identifier de quelle ruralité il s'agit quand nous nous intéressons

---

1. « La carte de l'évolution démographique commune par commune », *Maire Info*, janvier 2018, https://www.maire-info.com/demographie/exclusif-la-carte-de-l'evolution-demographique-commune-par-commune-article-21449

2. Insee, « Villes et communes de France », 1er janvier 2019, https://www.insee.fr/fr/statistiques/4277602?sommaire=4318291

3. https://de.wikipedia.org/wiki/Gemeinde_(Deutschland)

4. https://it.wikipedia.org/wiki/Comune_(Italia)

à cette catégorie socioterritoriale. L'identification de ces espaces à une contribution systématique d'exploitations agricoles n'est plus une référence, quand nous évoquons moins de 6 % des actifs liés à ces activités. Le poids de l'agriculture (y compris le secteur des industries agro-alimentaires) représentait 5,9 % du PIB en 2019, selon l'Insee, quand il était de 8 % environ en 1980. La surface dédiée à l'agriculture en France a ainsi diminué de 20 % en cinquante ans, pour occuper aujourd'hui 53,2 % de la surface totale[1]. Ces pertes se sont opérées de façon quasi irréversible au profit de la ville, du logement, des infrastructures à hauteur de 2,5 millions d'hectares. D'après l'enquête Teruti-Lucas du ministère de l'Agriculture, 78 000 hectares ont été urbanisés en moyenne chaque année entre 2006 et 2010[2]. C'est l'équivalent en quatre ans de la surface agricole moyenne de l'un de nos 101 départements. Le nombre d'exploitations a été divisé par quatre, mais la taille moyenne des exploitations a été multipliée presque par quatre. La diminution de la surface des terres agricoles n'est pas spécifique à la France et se poursuit depuis plusieurs décennies. De plus, la part de la population active agricole a été divisée par dix, représentant ainsi moins de 2 % de la population active totale, selon la FAO[3], en 2013. En 2018, la MSA[4] annonce une diminution du nombre de chefs d'exploitation agricole, passé en dix ans de 514 000 agriculteurs à 448 500, signalant que le pays perdait entre 1,5 et 2 % de chefs d'exploitation par an.

1. https://www.insee.fr/fr/statistiques/3579442
2. https://www.data.gouv.fr/fr/datasets/agreste-teruti-lucas-utilisation-du-territoire-1/
3. http://www.fao.org/home/fr/
4. La sécurité sociale agricole ; https://www.msa.fr/lfy

Dans le futur, la ruralité reste un espoir pour bâtir d'autres modes de production, de consommation et de circularité. Sortir de la confrontation ville / campagne c'est aussi accepter de construire un autre rapport d'altérité entre la vie urbaine et cette ruralité qui peine à exister dans un monde économique obnubilé par la recherche de la rentabilité s'accompagnant de procédés souvent attentatoires à l'environnement et à la santé. La ruralité est une chance pour développer une autre manière de mettre en œuvre les circuits courts et vertueux de l'économie circulaire, avec une optimisation de nos ressources[1]. C'est aussi la culture dans tous les sens du terme, de la terre, de l'esprit, du respect de la nature et d'autrui. Elle redonnera une place à l'altruisme et à l'empathie, la nature en fil conducteur, car il est nécessaire de *réensauvager* la terre, et non les hommes, pour reprendre la proposition avancée par le célèbre biologiste Edward O. Wilson, dans son livre *Half-Earth*[2]. Avec le concours de nouveaux rapports sur la ruralité, nous devons régénérer la terre urbaine et, comme le signale William Lynn, « si nous voulons répondre aux besoins fondamentaux des hommes (et de la terre), il faut aussi transformer les villes en lieux de vie durables et agréables[3] ». D'où l'intérêt des initiatives comme l'index de biodiversité urbaine,

1. À lire, l'étude de l'Agence nationale de la cohésion des territoires, *Quel équilibre entre les territoires urbains et ruraux ?*, août 2018, https://cget.gouv.fr/ressources/publications/quel-equilibre-entre-les-territoires-urbains-et-ruraux

2. Edward O. Wilson, *Half-Earth: Our Planet's Fight for Life*, New York, Liveright Publishing Corporation, 2016.

3. William Lynn, *Biophilic Cities*, octobre 2013 ; https://www.williamlynn.net/biophilic-cities/ ; voir Biophilic Cities Project, Connecting cities and nature, https://www.biophiliccities.org/

City Biodiversity Index[1] (CBI), un indicateur construit pour évaluer la biodiversité citadine, adopté par la conférence de Nagoya de 2010 et le pacte de Milan[2], issu du sommet des maires de 2015. Ce pacte[3] réunit aujourd'hui 200 villes du monde entier engagées pour une alimentation durable, afin de préserver les terres agricoles, favoriser les circuits de proximité et ne pas gaspiller de nourriture. La dernière réunion du pacte de Milan, qui a eu lieu à Montpellier en octobre 2019[4], a réécrit le texte basé sur les 17 ODD de l'ONU. Cette « déclaration de Montpellier[5] » est devenue la feuille de route universelle du « cadre d'action pour une politique alimentaire urbaine ».

Le vrai pari est de mettre à l'épreuve notre capacité commune à créer de la valeur, à être attractifs, à développer une culture de l'innovation, pour enclencher de nouveaux circuits de consommation-production qui permettront de régénérer les territoires, la ruralité et la proximité.

Pour la France à venir, il est indispensable de se positionner dans une démarche d'alliance territoriale. À la place d'une métropolisation à outrance, vidant de

1. https://www.cbd.int/doc/meetings/city/subws-2014-01/other/subws-2014-01-singapore-index-manual-en.pdf

2. Milan Urban Food Policy Pact, http://www.milanurbanfoodpolicypact.org/

3. Voir le texte complet du Milan Urban Food Policy Pact sur http://www.milanurbanfoodpolicypact.org/text/

4. En France, les villes de Paris, de Marseille et de Lyon, les métropoles de Bordeaux, de Montpellier, de Grenoble et de Nantes, ainsi que le conseil départemental de la Gironde ont répondu à l'appel.

5. Montpellier 2019, Milan Urban Food Policy Pact, http://www.milanurbanfoodpolicypact.org/wp-content/uploads/2019/11/2019.10.10-D%C3%A9claration-de-Montpellier-FR.pdf

son sens la ruralité et ses ressources, développons une approche forte des polycentralités capables d'irriguer les territoires et permettant la création de nouveaux modèles économiques, énergétiques, d'usages des sols et des services.

Grâce aux nouvelles technologies, le big data et l'intelligence artificielle, émergeront dans les prochaines années des systèmes de compensation locaux, territoriaux, qui favoriseront des pratiques vertueuses. À la manière des monnaies locales incitatives pour le développement de l'économie circulaire, les « bonus » distribués selon la virtuosité en matière de réduction des émissions en CO_2, associés à des microcontrats et des microservices, deviendront des moyens d'encourager les nouvelles pratiques. Une nouvelle économie rurale aura besoin d'un accès permanent au haut débit, qui devra être considéré comme un *bien commun*. Il sera au centre de cette transformation. Une nouvelle ruralité avec une armature urbaine construite en relation avec les villes moyennes sera un atout pour la France des métropoles, avec laquelle elle ne doit pas être en concurrence, mais en complémentarité.

La réinvention du concept d'*armature urbaine territoriale*[1] constitue une approche d'ingénierie territoriale qui changera la vision de la proximité territoriale. Le défi français dans cette perspective est de relocaliser par les « territoires de la demi-heure » les fonctions sociales essentielles et leur accessibilité dans ce rayon afin d'accéder à un mode de vie apaisé : se loger, travailler, s'approvisionner, se soigner, s'éduquer et s'épanouir. Au centre de cette vision se trouve la circularité

1. Rapport Hautreux-Lecour-Rochefort, « Le niveau supérieur de l'armature urbaine française », 1963, Commissariat au Plan.

de la vie territoriale et la « haute qualité de vie sociétale » comme leitmotiv. La question de la gouvernance sera un élément essentiel du champ des possibles. La centralisation que nous connaissons actuellement devra laisser la place à une très large décentralisation pour que les territoires deviennent vertueux et apaisés. Une décentralisation politique, avec la construction de nouveaux espaces de décision, est essentielle. C'est une trajectoire possible, mais nous devons la prendre dès aujourd'hui.

8

Vers une ville ubiquitaire

La technologie au XXIe siècle, un urbain connecté ici et ailleurs

Évoquer la technologie dans la ville est impossible sans se référer à deux grandes personnalités qui ont influencé mon action et la construction de ma pensée scientifique : Patrick Geddes, né en Écosse en 1854 et décédé à Montpellier en 1932, et Élisée Reclus, né en 1830 et décédé en Belgique, en 1905[1].

C'est à l'œuvre inépuisable de Patrick Geddes que nous devons des termes aujourd'hui familiers, dans le monde technique (« paléotechnique[2] », « néotechnique[3] », « biotechnique[4] », « géotechnique[5] », « machine à penser »), dans celui de l'urbanisme (« conurbation »,

1. Voir Béatrice Giblin, « Élisée Reclus : un géographe d'exception », *Hérodote*, n° 117, 2005 ; https://www.cairn.info/revue-herodote-2005-2-page-11.htm

2. L'exploitation effrénée des ressources naturelles et humaines, des paysages dévastés, des villes mégalopolitaines pleines d'usines, de bureaux et de taudis, des vies humaines jamais développées.

3. Les énergies non polluantes et le besoin de réconcilier l'utile et le beau, l'agglomération urbaine et le paysage naturel ou lié à un labeur primaire.

4. Les moyens de promouvoir une pensée vive et vivifiante, qui ouvrirait la porte à des existences plus épanouies.

5. L'étude qui permettrait à l'être humain d'apprendre comment habiter pleinement la Terre.

« mégalopolis ») et de la sociologie (« technodrame »). Il a été le précurseur de l'écologie urbaine et territoriale (biorégionalisme, écosystème, symbiose, cartographie de la vie, jardin pédagogique)[1]. Nous lui devons la devise amplement connue « *think globally, act locally* », « penser global, agir local ». Sa conception de la planification urbaine est étroitement liée à la justice sociale, avec le souci de faire contribuer activement les habitants à l'entretien, l'amélioration et la gestion de leur environnement. Il conceptualisera le terme de « demopolis » qu'il opposera à « tyrannopolis » pour mettre en valeur la ville qui connaît ses ressources, qui les a explorées, mais qui se gouverne elle-même depuis sa mairie, non seulement pour un meilleur bénéfice matériel, mais aussi avec une éthique et une spiritualité qui peuvent la transcender.

Son approche pluridisciplinaire du savoir a rayonné, avec sa curiosité se mêlant à la mise en pratique par les expériences. « Mains, cœur, tête » était son leitmotiv. Lewis Mumford fut son disciple et a prolongé son œuvre. Il dit de son maître que « par ses connaissances scientifiques et par le caractère général de sa pensée, Geddes était déjà un écologiste avant que cette branche de la biologie n'obtienne le statut d'une discipline séparée [...]. Et ce fut moins comme innovateur de la planification urbaine que comme écologiste, patient inventeur des filiations historiques et des relations biologiques et sociales, que Geddes fit son plus important travail sur les cités[2] ». Il fut un pacifiste

---

1. *By Leaves We Live.* Toujours avec, jamais contre la nature, toujours en harmonie avec le tissu de la vie, « *the web of life* ».

2. Lewis Mumford, essai sur Patrick Geddes, publié une première fois dans *Architectural Review* en 1950, puis résumé dans *My Works and Days*, cité par Ramachandra Guha, « Lewis Mumford, un écologiste américain oublié », traduit par Frédéric Brun, revue *Agone*, n° 45, 2011.

convaincu. Séjournant à la fin de sa vie en Inde, il s'est impliqué non seulement dans une chaire de sociologie et de civilisation à Bombay, mais aussi à l'université internationale de Visva-Bharati, fondée par le premier Prix Nobel de littérature non européen, Rabindranath Tagore[1], pour le bénéfice de l'humanité tout entière.

Quant à Élisée Reclus, il fut un citoyen du monde « humboldtien[2] », savant, polyglotte, penseur engagé sur le terrain pour défendre ses idées, féministe, communard en 1871, toujours levé contre les injustices et passionné d'écriture. Avec son œuvre *La Terre*, puis la majestueuse *Nouvelle Géographie universelle* et ensuite *L'Homme et la Terre*, il pose les bases de la géographie moderne ancrée dans la vie des hommes, l'histoire et ses liens avec la nature. La géographie n'a pas de sens pour lui dans les cartes qui figent une idée biaisée de nos ressources. Également précurseur de l'écologie, il prône une autre approche par le « sentiment de la nature » et les liens avec les espaces et les paysages. Homme de terrain, il propose une analyse profonde de l'écosystème, espace, nature, homme et ressources. Reflétant sa sensibilité à l'esthétique et à la beauté des choses, ses écrits sont une vaste fresque d'une géographie au service de l'humain, de ses luttes et de ses recherches. Ce géographe qui n'aime pas les cartes a construit une œuvre pléthorique, diverse, grandiose, en laissant des cartes d'un nouveau type, « globulaires ». Homme aimant la science, il était avant tout un pédagogue généreux, qui croyait dans

1. https://en.wikipedia.org/wiki/Visva-Bharati_University

2. Alexander Von Humboldt (1769-1859), explorateur allemand et citoyen du monde, académicien, humaniste, fondateur de la géographie moderne et précurseur de l'écologie, est un autre des grands influenceurs de mon parcours intellectuel, à qui je rends hommage.

la justice et la liberté : la Nouvelle Université libre de Bruxelles fut créée pour que ce franc-tireur des institutions par son engagement anarchiste puisse y enseigner ! Plus de mille personnes sont venues assister à son premier cours. Élisée Reclus était étroitement lié à Patrick Geddes, avec qui il partageait cette qualité de penseur universel engagé, de pédagogue, d'homme de sciences pluridisciplinaires, reliant le local et le global à travers la géographie, la sociologie, l'urbanisme et l'environnement.

Patrick Geddes et Élisée Reclus, avec leurs œuvres colossales, sont redécouverts aujourd'hui. Leurs travaux restent pour moi une inépuisable source d'inspiration.

En tant que scientifique venant du monde des sciences mathématiques, de l'informatique, des systèmes artificiels et de la robotique, passionné par l'ethnométhodologie et les sciences de la complexité, et fort de mes influences transverses et pluridisciplinaires, je me suis intéressé à la ville en abordant la question de la résilience et des villes à risques – naturels ou technologiques. Elles ont la particularité d'être soumises à des menaces aléatoires et doivent anticiper les crises. Avec la création de l'AlertBox, boîtier dédié à l'alerte aux populations[1], multiprimé dans les années 2010 et connecté à Plug & View, la première plateforme numérique en France et l'une des premières au monde pour la gestion des infrastructures urbaines[2], j'ai

1. « Dispositifs d'alertes : Sinovia met au point une AlertBox », *L'Usine nouvelle*, novembre 2008, https://www.usinenouvelle.com/article/dispositifs-d-alertes-sinovia-met-au-point-une-alertbox.N26947

2. « Supervision : Sinovia présente Plug & View 4.0 », *Info Protection*, avril 2008, https://www.infoprotection.fr/supervision-sinovia-presente-plug-view-4-0/

très vite compris l'importance capitale de l'adhésion des utilisateurs aux usages. Même si notre approche représentait une avancée scientifique par nos travaux de recherche universitaire et nos brevets déposés en 2005[1], la compréhension que l'essentiel n'était pas de développer des technologies dans un entre-soi technocratique a été pour moi déterminante. Convivialité, simplicité, interaction furent les maîtres mots pour concevoir de nouveaux usages répondant à des besoins clairement identifiés et pouvant bénéficier d'une solide acceptabilité sociale.

Le siècle des villes est en même temps le siècle de l'ubiquité. Le monde urbain, producteur pour l'essentiel de richesse, est devenu un monde producteur-consommateur en masse de données en temps réel. Mais l'hyperconnectivité technologique peut transformer les hommes en zombies, en geeks socialement déconnectés. Il y a un énorme pari à prendre sur l'idée d'hyper-proximité : reconstruire le lien social dans les quartiers pour vivre dans des villes à échelle humaine où l'on utilise la technologie comme un outil pour recréer du lien social.

Il a toujours été clair dans mon esprit que la révolution technologique est bien plus large que la révolution numérique. Les enjeux technologiques sont autant énergétiques que liés à l'économie circulaire pour les déchets, aux biotechnologies pour la santé, et même dans l'avenir à des ruptures telles celles apportées par les nanotechnologies pour les nouveaux matériaux. L'économie urbaine a été transformée par les avancées des technologies numériques, avec le développement de

1. « Open System for Integrating and Managing Computer-Based Components Representing a Specific Functionality of a Specific Application », International Filing, 26 juillet 2005 ; https://patentscope.wipo.int/search/en/detail.jsf?docId=WO2007012707

l'ubiquité liée aux objets connectés et à l'explosion de la production des données. À mon sens, l'important n'est pas la data en elle-même ou que les objets soient devenus technologiques, mais plutôt qu'ils soient des objets sociaux, faisant naître à l'échelle mondiale une culture de l'homme numérique et la « data sociale », une autre composante des communs urbains.

Les objets du XXIe siècle intègrent trois composantes : technique, sociale et liée au savoir-faire. Cette hybridation entre le monde physique, social et le monde numérique nous offre de nouvelles et puissantes capacités d'action quotidienne. Elle porte en elle un potentiel énorme de transformation de la vie urbaine, puisqu'elle permet de partir du monde physique pour le réinventer, par le biais du monde numérique et de l'usage social qui en est fait. Nous assistons à la convergence de l'open data, de la cartographie numérique, de la géolocalisation et de la co-construction de nouveaux services. Ce qui est intéressant, ce n'est pas seulement le fait que les données soient ouvertes, mais qu'elles deviennent elles-mêmes sources d'information. Les données mobilisent les énergies et font naître de nouveaux services : transports à la demande, autopartage, mobilité multimodale, énergies décentralisées, valorisation du patrimoine, espaces publics urbains de convivialité, santé publique personnalisée, meilleure qualité de vie pour le troisième et le quatrième âge, éducation de masse en ligne, espaces ouverts de culture, d'art et de loisirs, démocratie participative sous des systèmes de gouvernance ouverts, systèmes d'information collaboratifs, etc. Ce ne sont que quelques exemples, qui feront de la ville de demain une ville vivante.

Il est à mon sens réducteur de se poser pour ou contre dans une vision technocentrée. La technologie comme *pharmakon*, à la fois remède et poison, doit être au service de l'humain, pour rendre hommage au regretté Bernard Stiegler. La gouvernance de la ville doit se tourner vers les citoyens. Je suis persuadé que les villes dotées d'une nouvelle gouvernance du numérique vont proposer de nouveaux modèles économiques de développement et encore davantage alors que la crise pandémique du Covid-19 demande à se réinventer.

La « *civic tech* », l'idée d'une citoyenneté fondée sur les outils technologiques, est aujourd'hui un enjeu car elle résume la façon dont les technologies peuvent récréer du lien social, aider les hommes et les femmes à communiquer, à inventer de nouveaux modèles démocratiques. La démocratie est en danger. Elle est devenue une représentation élective par procuration. On vote pour des élus devenus des professionnels de la politique, non soumis au contrôle des citoyens. La *civic tech* peut œuvrer à ce que les citoyens soient plus impliqués, qu'ils s'organisent pour réclamer des comptes, soumettent des projets aux budgets participatifs. C'est une voie vers une meilleure représentativité des citoyens et un levier pour que la ville soit incarnée. La *civic tech* peut changer la démocratie. Il faut aller vers une plus forte implication citoyenne, vers l'économie circulaire, l'agriculture urbaine, comme créateurs de lien, le numérique pour tous pour lutter contre la fracture sociale. Ces initiatives peuvent avoir une fonction cruciale, puisqu'elles mettent en valeur le bien commun.

Le rôle du numérique est essentiel pour les nouveaux combats à venir. C'est une voie indispensable à l'exploration de l'univers de transformation de la vie que représentent les communs urbains. Dans la suite des travaux d'Elinor Ostrom, première femme Prix Nobel d'économie en 2009, qui les a théorisés, les communs urbains sont de nouveaux leviers identifiés pour approfondir la vie démocratique et nous impliquer dans la ville que nous aimons. L'air, l'eau, la biodiversité, l'espace public, l'ombre, les données, les règles de vie, de régulation, notre manière de décider, etc. incarnent un engagement pour agir ensemble et défendre toutes les ressources nécessaires à la qualité de notre vie. Il s'agit de les mettre à l'abri de la loi du plus fort, de la marchandisation à outrance, pour une ville qui offre à tous l'accès à ses ressources mais aussi à la solidarité, à l'innovation économique, écologique et sociale. Il s'agit de continuer à construire l'avenir des urbains à l'écart des intérêts particuliers, en vue de la défense de l'intérêt général et de la qualité des services publics.

Le développement des communs urbains permet :

– d'empêcher l'appropriation de la ville par des logiques marchandes : avec les communs numériques, nous luttons contre les plateformes destructrices de valeur, de qualité de vie et de travail telles que Airbnb, Uber, Amazon. Avec les communs fonciers, nous nous battons contre la spéculation immobilière ;

– de défendre le service public : nous croyons que la puissance publique a un rôle majeur dans la vie urbaine pour renforcer l'implication des citoyens dans toutes les décisions prises par ces nouveaux opérateurs municipaux ;

– de faire respecter l'expression de la ville : à l'heure où les pouvoirs étatiques sont dépassés par la puissance des villes, nous voulons que l'expression de la ville, ses actions et ses décisions soient respectées. Développer les communs urbains est aussi une démarche collective pour renouveler la démocratie et donner de la voix aux citoyens, aux arrondissements ;

– de réimaginer les relations avec le secteur privé, avec comme leitmotiv la lutte contre la marchandisation, la préservation de l'intérêt général, la défense de la qualité des services[1].

La ville est un laboratoire exceptionnel d'idées et d'expériences à ciel ouvert. Le cas de Medellín, déjà cité, est à cet égard passionnant. Lors d'un échange que j'ai eu avec Anibal Gaviria, ancien maire de la ville colombienne symbole de résilience (aujourd'hui président de Cities Alliances[2]), il avait évoqué avoir mis en place une vraie transformation de sa ville grâce aux gouvernements successifs travaillant en cohérence et en continuité, grâce à l'apport décisif du secteur privé, des académiques, des organisations sociales et grâce au travail infatigable d'une citoyenneté participative et engagée. Et ce n'est pas le fruit du hasard si Medellín fut distinguée en 2013 comme la ville la plus innovatrice du monde par *The Wall Street Journal*, le City Group et l'Urban Land Institute, puis qu'elle obtint en 2016, à Singapour, le Lee Kuan Yew World City Prize, le Nobel des villes. La construction d'infrastructures intégrées de transport public comme le métro, le Metrocable, le bus articulé, le tramway, des projets tels le jardin Circunvalar, les unités de vie articulées, ainsi que le développement d'infrastructures, d'équipements culturels, sportifs, associatifs, plus une intense action sociale dans les zones vulnérables, ont été des leviers décisifs dans la réduction drastique du taux

1. Ces propositions, issues d'un travail collectif au sein de « Paris En Commun », ont été reprises par la maire de Paris, Anne Hidalgo, lors de sa campagne électorale, dans un manifeste : https://annehidalgo2020.com/manifeste-le-programme/

2. Cities Alliances, ONU, Genève, https://www.citiesalliance.org/

de criminalité. Cette fibre innovatrice constitue l'élément révélateur du processus de transformation dans le combat pour la justice, l'équité et la lutte contre la violence. Medellín a réussi à faire converger inclusion sociale, réinvention urbaine et apport des technologies. Aujourd'hui, concluait Anibal Gaviria, Medellín est fière d'être cet exemple pour le monde.

Notre avenir sera-t-il technologique ? Déjà se profile la 5G qui se veut être une nouvelle rupture dans les usages et les services du numérique. Cette connectivité fera-t-elle naître une source d'asservissement, de pollution ou une opportunité ? Sa performance annoncée, cent fois supérieure aux débits actuels, permettrait de télécharger l'équivalent de trente films en à peine quelques secondes, avec une fiabilité de l'ordre de 99,99 %. D'immenses possibilités techniques s'offriront-elles grâce à la 5G ? La connectivité des objets, l'IoT, rentrera-t-elle dans une ère nouvelle ? La simulation numérique, réalité virtuelle, réalité augmentée, l'hybridation des réseaux des objets et des utilisateurs prendront-elles une nouvelle envergure ? Une plus forte emprise sur nos manières de vivre sera-t-elle le prix à payer ?

Je reste convaincu que le débat sur la 5G est l'occasion d'imaginer les services de cette haute connectivité, à l'aune de nos priorités dans le cadre d'une feuille de route urbaine. Il est impératif d'imaginer comment cette rupture technologique pourrait être mise au service d'un engagement pour une ville humaine, vivante, durable et résiliente, tout en maintenant le cap sur la lutte pour le climat. J'invoque ainsi la naissance de nouvelles expériences de vie au travers d'usages et de services inédits avec l'obligation d'une certaine frugalité.

Les grands succès disruptifs de Google, Apple, Facebook, Uber, Airbnb, Amazon, Alibaba et bien d'autres ont reposé sur leur capacité à transformer les données selon un usage présenté comme « social », et surtout simple et accessible, à partir de plateformes d'hybridation, en proposant des services qui transformaient nos vies. La ville est devenue le champ de bataille des plateformes des Gafam[1] et des Batxi[2]. On a assisté au déferlement d'un numérique prédateur qui, sous couvert d'une *économie de partage*, a généré un mouvement inédit de destruction de valeur et de désincarnation. Les grands perdants furent les cités, la vie urbaine, les acteurs locaux et nationaux.

Au-delà de la remise en cause de notre souveraineté numérique, du *siphonnage* permanent de nos données, de la perte de la dynamique économique et sociale par la délocalisation des centres de captation de valeur, tous de nature extranationale, il faut se résoudre à l'évidence que nous avons perdu, en France, le combat de la création des services. La compétition technologique a opposé les géants du numérique tels Facebook, Apple, Airbnb, Uber, Amazon, Netflix, Alibaba, Xiaomi à des services ayant bouleversé nos économies, et nous avons été vite dépassés. Pire encore, nous n'avons pas eu la capacité de faire fructifier nos atouts en mathématiques, en algorithmique, en design. Nous avons été les témoins impuissants de cette bataille mondiale. Jusqu'à présent, la technologie a hacké nos vies. Il serait temps d'inverser le processus et de hacker la technologie. Si

1. Google, Apple, Facebook, Amazon, Microsoft.
2. Baidu, AliBaba, Tencent, Xiaomi.

nous réussissons ce tour de force avec le design de services, nous aurons alors une chance de ne pas rester prisonniers de modèles technologiques prédateurs.

Puisque la donnée territoriale se trouve au cœur de l'enjeu urbain, il faut construire une souveraineté numérique. Avec une régulation locale, le numérique doit nous aider à faire dialoguer les acteurs, notamment les usagers du territoire avec les décideurs, à toutes les étapes des projets[1]. En visualisant l'évolution des besoins et des ressources dans le temps, nous serons à même de fournir aux collectivités, aux grands opérateurs de services, aux aménageurs et aux habitants, des outils pour diagnostiquer, simuler, participer et décider. Inspirons-nous de justes combats[2].

À Toronto a eu lieu un bras de fer historique entre la filiale d'Alphabet, Sidewalk Labs, société sœur de Google, et la ville pour l'aménagement urbain, avec le projet Quayside, sur les rives du lac Ontario. L'échec de Sidewalk a signifié la victoire d'une vision régulatrice sur la gouvernance des données et des choix démocratiques devant le risque de la perte du contrôle qui allait inévitablement s'en suivre. La *couche numérique* qui venait hybrider l'espace physique était l'enjeu de la bataille. L'espace public se voyait privatisé non pas par une approche urbanistique, mais par une approche numérique. Malgré la promesse de l'*anonymisation des données*, la technologie leur permettait de s'adonner à la réidentification des usagers et à une collecte ciblée d'informations conduisant à un profilage numérique systématique. En rajoutant à l'hybridation numérique la géolocalisation,

1. Voir Jacques Priol, *Le Big Data des territoires*, Éditions Fyp, 2017.
2. *Id.*, *Ne laissez pas Google gérer nos villes !*, Éditions de L'Aube, 2020.

le collectif citoyen #BlockSidewalk[1], opposé au projet, avait jugé qu'« avec Quayside, Google était en train de transformer les bordures des trottoirs et la rue, des espaces qui relèvent habituellement de l'autorité publique, en une place de marché financier ». Ils ont eu gain de cause et ce premier projet urbain de l'un des Gafam a été abandonné.

L'enjeu de l'ubiquité pour le futur est la donnée territoriale. Elle est le pivot de la transformation urbaine future.

C'est avant tout un commun, une richesse à valoriser pour une plus grande efficacité des infrastructures, des politiques publiques. Notre défi est d'imaginer demain un numérique qui sera avant tout fournisseur de services (télémédecine, accès à des e-services et médias locaux, e-réservation, enseignement et éducation, approvisionnements en cycle court, etc.). Il contribuera à développer la revitalisation de la proximité autour de la ville du quart d'heure et du territoire de la demi-heure, offrant de meilleurs accès aux fonctions sociales indispensables à proximité du lieu de vie, aidant à diversifier les usages des infrastructures existantes.

Nous voulons contribuer, avec le numérique, à assurer une mixité fonctionnelle en développant les interactions sociales, économiques et culturelles. Les projections de services de proximité sur des plateformes numériques d'agrégation de données sont des outils clés de la souveraineté numérique. Ils permettent d'imaginer les transformations optimales d'un territoire en se basant sur un indice de haute qualité de vie sociétale. L'objectif étant de développer une action prospective de visualisation,

1. https://www.blocksidewalk.ca/

de diagnostic et de simulation, formulant des hypothèses de transformation urbaine et territoriale. Notre but est d'offrir ces multifonctionnalités, soit en présentiel soit par le biais du numérique.

Nous cherchons à maximiser trois sources de bien-être :

– personnel, pour chacun, la famille et les proches (plus de temps disponible) ;

– social, avec les voisins, les collègues (plus de lien social et moins de tension) ;

– avec la planète, inclusive et durable (respect de l'autre, de la nature, des ressources).

Réduire le nombre de kilomètres parcourus au profit de leur transformation en temps de vie utile, participe au concept de la haute qualité de vie sociétale. Ce dernier fera l'objet d'un indicateur permettant de gérer son pilotage et servant de référence sur le plan national et international.

Ainsi, au travers du numérique au service de la ville de proximité nous voulons que chacun, chacune, puisse accéder en quinze minutes à pied ou à vélo (ou par des modes décarbonnés), aux six besoins essentiels de la vie que nous rappelons ici :

– habiter, en créant du logement là où la demande est la plus forte à des prix le permettant ;

– travailler, en favorisant la mixité d'activités dans chaque quartier et en rééquilibrant l'emploi ;

– s'approvisionner, en garantissant un tissu de commerces y compris alimentaires ;

– être en forme, par des activités sportives et des services de santé adaptés à toutes les capacités et tous les besoins ;

– apprendre, en suivant une offre scolaire qui garantit la mixité et une offre de formation pour tous les âges de la vie ;

– s'épanouir, en accédant aux loisirs et aux activités culturelles, mais aussi en augmentant les espaces de rencontres et de brassage publics, ainsi que les espaces de respiration et de végétalisation.

La donnée territoriale est un puissant ingrédient de régénération de la vie urbaine et de création de valeur par son écosystème. C'est un moyen simple et facile d'usage permettant, au sein du territoire et suivant la localisation, de visualiser l'emplacement des diverses fonctions sociales disponibles pour chacun.

Pour sa part, au travers d'une meilleure identification des manquements sur le territoire, le maire aura à sa disposition les moyens de mettre en place des politiques de transformation du territoire et d'apporter une vision pérenne en accord avec les besoins des citoyens. L'ensemble de ce processus pourra être traité à partir d'une transformation des données territoriales, associées aux traitements géolocalisés en vue de générer des associations croisées (ressources-infrastructures-services-usages), permettant d'améliorer l'offre existante ou d'anticiper les mutations. Les indicateurs générés offriront une première *grille de lecture* des dynamiques des territoires. Mais plus qu'un outil de lecture, il s'agira d'un outil d'aide à la décision pour faire émerger des offres de services respectueux des habitants et du territoire et projeter des scénarios de développements équilibrés.

C'est désormais aux villes de s'imposer comme rempart face aux agissements des plateformes qui, avec des moyens considérables, bouleversent nos vies. Ce sont nos maires qui montent au créneau avec des décisions régulatrices, pour limiter leurs impacts négatifs. Le design de services, en tant que démarche de conception abordant la forme des services du point de vue des utilisateurs, a été négligé au profit des seules approches technologiques pour la création de valeur. Le succès exemplaire de Velib', dans le cas de la ville de Paris, vient de sa capacité à proposer la conception d'un usage hybride, entre le service de mobilité par le vélo et sa disponibilité grâce au numérique. Richard Sennett, dans le troisième tome[1] de sa passionnante trilogie[2], nous parle avec son esprit toujours pionnier du besoin de construire une « éthique de la ville ». Cette convocation appelle à développer l'esprit de ce qu'il nomme « l'urbain compétent ». Au cœur de cette éthique, un chemin parfois laborieux, souvent ingrat, et parfois difficile à obtenir : « l'ouverture ». Celle de l'esprit, de la pensée, de l'attitude des individus, des parties prenantes, de tout un chacun impliqué dans la fabrique de la ville. Mais l'ouverture aussi du bâti, de sa forme, de la configuration même de l'espace urbain qui fait partie de la vie quotidienne des habitants. Richard Sennett appelle à joindre la forme et le fond dans la recherche de cette éthique de la ville, indispensable pour créer les conditions d'acceptabilité sociale du changement. Favoriser la sociabilité urbaine est la capacité à développer l'altérité, qui permet de construire un regard libre de ses préjugés ou qui aide à les dépasser.

La ville est aujourd'hui le lieu par excellence pour que le design de services devienne le vecteur avant-gardiste d'innovation, de rupture, capable de créer une dynamique nouvelle pour un numérique au service des usagers. Sa force : être issu de la convergence de plusieurs disciplines. De même que l'innovation n'est plus

1. Richard Sennett, *Bâtir et habiter. Pour une éthique de la ville*, Albin Michel, 2019.

2. Les deux premiers tomes étant *Ce que sait la main. La culture de l'artisanat* (2010) et *Ensemble. Pour une éthique de la coopération* (2014), publiés également chez Albin Michel.

uniquement technologique, de même que l'inclusion sociale n'est pas seulement l'affaire des sociologues, le design n'est pas non plus uniquement réservé aux objets. Le design de services associe des créatifs, des spécialistes des sciences humaines et cognitives (sociologues, économistes, anthropologues, etc.) et des experts en technologies numériques. Le design de services a en outre pour spécificité de partir de l'usager et d'inventer, en fonction de ses attentes et de son expérience, de nouveaux usages et services, plus appropriés que ceux qui étaient jusqu'ici imposés « par le haut », par les acteurs publics et privés (institutions, marques, entreprises).

La rencontre entre cette notion de design de services et la notion de services publics, propre à la ville, ouvre un champ d'expérimentation majeur. C'est pourquoi il me semble essentiel de renforcer la convergence entre les villes, les écoles de design, les lieux de création numérique et les unités de recherche en sciences humaines et cognitives.

La ville de demain a besoin de transdisciplinarité, de décloisonnement, de projets qui font bouger les lignes. Je fais un pari, celui d'utiliser le meilleur de la technologie pour réinventer la ville et raffermir le lien social.

Conclusion

Vivre aujourd'hui avec le Covid-19. Et demain ?

Le Covid-19 a secoué en profondeur nos vies. Les mesures de confinement depuis son apparition en Chine ont concerné plus de la moitié de la population mondiale. Compte tenu des incertitudes qui planent sur la suite de cette pandémie, les impacts de cette crise sont imprévisibles. La vie quotidienne de centaines de millions de personnes a été bouleversée. Pour combien de temps encore ? D'un point à l'autre de la planète, les villes se sont vidées, les rues ont été désertées, les grands lieux de rassemblements, fermés ou tournant à bas régime. Le pouls de la ville a ralenti, sa configuration a changé, le cœur de son organisation et son fonctionnement, en particulier concernant nos manières de travailler et de nous déplacer, ont été transformés à la hâte. Le « monde d'après » a occupé l'espace médiatique avec la perspective d'une rupture face au « monde d'avant le Covid-19 », celui de l'insouciance, des énergies fossiles avec ses ressources illimitées, du productivisme-consumérisme avec le techno-solutionisme comme réponse toujours prête face aux défis climatiques, à la perte de la biodiversité, à la thrombose d'un monde urbain en crise.

Existe-t-il vraiment un « monde d'après » ? En réalité, cette pandémie nous contraint à faire face, ici et maintenant, à une complexité que nul n'aurait pu imaginer fin 2019 ! J'ai commencé ce texte en faisant référence à Italo Calvino et aux « villes invisibles ». Or, en Europe, la crise du Covid-19 a démarré en Italie, en Lombardie, sa capitale économique, poumon du pays et l'une des grandes régions européennes. Paradoxe d'une viralité que nous avons encore du mal à saisir, elle est apparue dans une petite ville de 15 000 habitants, très peu connue, Codogno, qui, à 60 kilomètres de Milan, a connu son « patient zéro » le 28 février 2019, devenant de fait l'épicentre du « Wuhan italien ». C'est dans une autre « ville invisible », Vo'Euganeo, 3 000 habitants, à 200 kilomètres de Codogno, que le premier mort italien a été enregistré. Avec plus de la moitié des 35 000 morts de toute l'Italie, la Lombardie a payé un lourd tribut à une crise dont les effets continuent à se faire ressentir.

La passionnante étude du Centro Studi del Territorio de l'université de Bergame pose de très importants enseignements sur l'origine de cette catastrophe. Or, les événements déclenchés par le Covid-19 ne peuvent être abordés qu'à la lumière d'une crise urbaine et territoriale, multifactorielle, d'origine sanitaire : « La prise en compte de la dimension spatiale des phénomènes sociaux est d'une importance fondamentale[1]. » L'épicentre de ce drame se trouve dans des petites villes, mais l'explication de la puissance de la propagation

1. Centro Studi del Territorio, « Pourquoi Bergame ? Analyser le nombre de testés positifs au Covid-19 à l'aide de la cartographie. De la géolocalisation du phénomène à l'importance de sa dimension territoriale », https://medium.com/anthropocene2050/pourquoi-bergame-5b7f1634eede

de la viralité concerne « les manières d'habiter dans le monde contemporain qui sont mobiles et urbanisées ». La Lombardie, peuplée de 10 millions d'habitants[1], porte un polycentrisme d'habitat, mais un centralisme de travail, par la force d'attraction de Milan, dont les déplacements habitat-travail ont été les facteurs clés de la propagation. Le Centro Studi del Territorio de l'université de Bergame a mis l'accent sur les dynamiques socio-territoriales liées à l'intégration scolaire, aux déplacements pendulaires et au monde du travail avec la production de cartographies du rythme urbain, en croisant une très grande diversité de données. C'est la méthode de l'Urban Nexus Approach[2], interdisciplinaire et comparative, dans une optique polycentrique et rhizomique[3], telle qu'exprimée par Jacques Lévy, à l'École polytechnique fédérale de Lausanne.

Penser le « monde d'après » sera toujours incantatoire. Imaginer le « grand soir » d'une transformation, sans s'atteler à remettre en cause le cœur de la crise – un mode de production, de consommation et de déplacement qui a tourné le dos à la temporalité de la vie urbaine et territoriale –, mène à une impasse. L'indispensable transformation passera par d'autres rythmes urbains, par la construction d'une réelle vie polycentrique, par l'émergence de nouveaux

1. Eurostat, 2019.

2. *The Urban Nexus Approach for Analyzing Mobility in the Smart City: Towards the Identification of City Users Networking*, https://www.hindawi.com/journals/misy/2018/6294872/

3. J. Lévy, T. P. L. Romany et O. P. Maitre, « Rebattre les cartes. Topographie et topologie dans la cartographie contemporaine », *Réseaux*, vol. 34, p. 17-52, 2016 ; https://www.cairn.info/revue-reseaux-2016-1-page-17.htm

rapports travail-habitat, qui sont la première source de blocage. Notre vie urbaine, cadencée, induisant que chacun aille d'un lieu à un autre, « plus vite et plus loin », sans aucune maîtrise du temps utile, doit changer profondément. Ces déplacements qui empiètent sur le temps que nous pourrions consacrer à nos proches nous conduisent à une forme de lassitude, voire pour certains à une sorte de méfiance, une peur de l'autre et de la différence.

La crise, qui nous oblige maintenant à raisonner à court terme, est une opportunité : celle de penser autrement, non pas la ville, mais la vie dans la ville, de redonner de la force à la proximité, de développer un maximum de services près de chez soi. Et de passer à une autre temporalité, en bas carbone, à pied ou par le biais de mobilités actives – vélo, marche, trottinette –, qui encourage la « proximité multi-servicielle ». C'est aussi l'autre vertu de cette approche, une participation citoyenne active pour faire vivre la proximité, que tous aient la possibilité d'accéder aux fonctions sociales essentielles : se loger, travailler, s'approvisionner, se soigner, s'éduquer, s'épanouir[1]. Que chacun puisse accroître son bien-être personnel avec les siens, pour mieux vivre avec ses voisins et ses collègues de travail, et être en harmonie avec une planète durable et inclusive.

Cette décentralisation de la ville ouvre la voie à un avenir de l'humanisme écologique, un nouvel horizon urbain à faire émerger en ces temps troublés. Une ville où le temps existe de nouveau, utile et créatif. Demain,

---

1. *Cf.* Carlos Moreno, « Cette crise sanitaire est l'occasion de penser la ville du ¼ d'heure », *Le Monde*, 20 mars 2020, https://www.lemonde.fr/economie/article/2020/03/20/cette-crise-sanitaire-est-l-occasion-de-penser-la-ville-du-quart-d-heure_6033777_3234.html

lorsque nous aurons laissé derrière nous ces moments difficiles, il faudra conserver cet élan, et se souvenir que se rendre tous les jours sur un lieu de travail, souvent éloigné, relève davantage de l'habitude de maintenir une structure hiérarchique imposée que d'un vrai besoin fonctionnel. Cet horizon est à la portée de toutes les villes, à condition de se fixer une feuille de route. Après le confinement, alors que les entreprises se reconfigurent dans l'urgence pour faciliter le travail à distance, on constate qu'il est possible de lever l'obstacle principal que constitue le travail[1]. Quand la seule solution adoptée partout a été le « confinement », qui est venu paralyser la vie en approfondissant la crise économique et sociale, la ville et les territoires de proximités avec la « ville du quart d'heure » et le « territoire de la demi-heure » peuvent reconstruire la solidarité et l'entraide. Ils sont de vrais pivots de la continuité du bien-vivre, aujourd'hui indispensable pour remédier à la fragilité du tissu urbain et des relations des habitants avec leur territoire.

À Milan, le 4 septembre 1997, dans un accident de voiture, est morte une grande personnalité, un grand architecte mais aussi un enseignant engagé dans la transmission, Aldo Rossi. Il fut Prix Pritzker[2] 1990, reconnaissance mondiale à ses brillants apports. Je voudrais lui dédier ces dernières lignes. Il disait que les catastrophes ne provoquaient pas de changements dans les villes, mais accéléraient plutôt ceux qui étaient déjà imaginés. Combien cette pensée s'avère juste, en particulier dans sa ville de naissance, touchée de plein

1. *Cf.* Bruno Cavagné, président de la Fédération nationale des travaux publics, *Nos territoires brûlent. Redonner du pouvoir au local*, Le Cherche-midi, 2019.

2. Équivalent du prix Nobel d'architecture.

fouet par la pandémie. Dans les allers-retours entre la mémoire et le devenir de la ville, il était toujours à la recherche de son identité, levier de transformation. Avec La Tendenza[1], mouvement fondateur de l'architecture de l'après-guerre, il a mis en cause le fonctionnalisme plongeant dans les racines de la ville avec sa typomorphologie[2] – sa « sédimentation dans le temps et l'espace » –, afin de retrouver dans l'histoire de la ville ses atouts, déceler ses contradictions et la projeter dans le futur. Bien qu'il ait toujours voulu échapper à cette « classification », il a été le père du post-modernisme. En 1966, il a publié *L'Architecture de la ville*[3] et, en 1998, *L'Autobiographie scientifique* : « Les fonctions varient avec le temps, c'était depuis toujours l'une des hypothèses scientifiques que je tirais de l'histoire de la ville et de l'histoire de la société civile, en observant la transformation d'un palais, d'un amphithéâtre, d'un couvent, d'une maison. Dans *L'Architecture de la ville*, je me suis toujours référé à cette idée lorsque je voyais d'anciens palais habités par plusieurs familles, des couvents transformés en écoles, des amphithéâtres transformés en terrains de football, et ces mutations étaient toujours plus réussies là où ni l'architecte, ni quelque sagace administrateur n'étaient intervenus[4]. »

1. *Cf. La Tendenza. Architectures italiennes 1965-1985*, Centre Pompidou, Dossiers pédagogiques, http://mediation.centrepompidou.fr/education/ressources/ENS-Tendenza/index.html

2. « La typomorphologie, un outil indispensable à la compréhension du territoire », *Regards Territoire*, n° 89, Agam, décembre 2019, http://agam-int.org/wp-content/uploads/2019/12/89-Typomorphologie.pdf

3. Aldo Rossi, *L'Architettura della città* [1966], trad. fr. *L'Architecture de la ville*, Infolio, 2001.

4. Aldo Rossi, *Autobiografia scientifica* [1990], trad. fr. *Autobiographie scientifique*, Parenthèses, 1998.

« Aldo Rossi enseigna[1] à ses élèves comment discipliner l'hétérogénéité de la ville, à travers la création de formes urbaines ancrées dans sa mémoire collective. Une urbanisation légère et réversible, un investissement temporaire, des interventions limitées... une théorie du recyclage qu'il serait bon de mettre en pratique aujourd'hui, à l'aune des travaux d'un architecte théoricien qui n'a eu de cesse de transformer l'émotion en formes, et de dialoguer avec l'existant pour mieux le transformer[2] », dit Annick Spay en commentant le film de Françoise Arnold, *L'Hypothèse Aldo Rossi*[3].

Cette puissante contribution, encore vivante aujourd'hui, promeut une mémoire collective qui aide à façonner les changements des espaces urbains, porteurs de liens et de rencontres. Cette démarche participe à la recherche d'une singularité dans les lieux possédant une identité en s'hybridant avec d'autres formes urbaines, d'autres usages. Ainsi cette ville se révèle à nous, quand par exemple les piétons ne sont plus seulement des piétons mais des habitants qui vivent dans leur ville et qui l'incarnent dans les espaces publics. La vie qui revient avec les hommes, les femmes, les enfants et les personnes âgées, qui pourront à leur guise, flâner, se réapproprier l'espace urbain. C'est une voie qui insuffle la vie à nos villes et qui les rend plus vivantes, plus humaines et bienveillantes. Nous répondrons alors

1. Aldo Rossi était professeur à l'École polytechnique de Milan, à l'Istituto Universitario di Architettura de Venise, à l'École polytechnique fédérale de Zurich et à la Cooper Union de New York et de Venise.

2. « L'enseignement d'Aldo Rossi », 2014, https://imagesdelaculture.cnc.fr/web/guest/-/l-enseignement-d-aldo-rossi?inheritRedirect=true

3. Centre national du cinéma et de l'image animée, 2012, https://imagesdelaculture.cnc.fr/-/hypothese-aldo-rossi-l-

« oui » à la question posée par Italo Calvino, car nous saurons où est la ville où l'on vit : c'est elle qui nous donne du sens, de l'émotion, des sensations et le bonheur de retrouver notre dignité.

Postface

Paris a réussi à réaliser ce que tous les experts de la ville avaient jugé impossible : la transformation fondamentale d'une grande cité où l'on circule 24 heures sur 24. C'est un exploit. Le plus important est que cela rappelle au monde que nous pouvons transformer nos grandes villes. Et oui, il est possible de dérouter la circulation de différentes manières, ce que trop d'experts avaient pourtant jugé impossible.

La plupart des grandes villes dans le monde sont victimes de leur propre croissance – les experts de la ville sont en général d'accord sur ce point. Et ceci implique qu'ils sont souvent impuissants face à cette situation. Démolir de vieux bâtiments pour en construire de nouveaux sur le même espace urbain fait partie des pratiques courantes. Nous avons tendance à croire que c'est la seule chose que nous pouvons faire pour changer les villes, et c'est bien peu.

Paris nous montre que c'est possible, mais cela requiert une rupture en profondeur avec nos idées préconçues, en particulier sur le fait qu'une grande ville avec une circulation en continu ne nous laisserait aucune autre alternative. L'option la plus extrême que nous pouvons observer est celle du Japon où les travailleurs réparent les rues et construisent de nouvelles routes au milieu de la nuit.

Et même les urbanistes, à la nouvelle ère de l'électronique, n'ont pas envisagé les différentes transformations mises en œuvre à Paris. Anne Hidalgo, l'admirable maire de Paris, et son équipe brillante, éclairée par Carlos Moreno, nous ont démontré que cela était possible. « *Si, se puede* », comme diraient les activistes en Amérique latine, en évoquant un enjeu quoique bien différent.

Tout cela nous rappelle que les innovations sont un réel défi qui nécessitera peut-être une bataille. Et il faut que cela soit une bataille qui intègre les citadins dans la discussion. Une ville-monde telle que Paris regorge d'habitants qui ont certainement des idées à partager sur la façon d'améliorer leur propre quartier. Les responsables parisiens ont su écouter les habitants et non uniquement les « experts », comme c'est généralement le cas.

L'exemple de Paris met en exergue le fait que de nombreuses initiatives allant au-delà des options conventionnelles concernant les changements dans une ville sont trop souvent rejetées par les experts.

Il a fallu beaucoup de courage pour mettre en œuvre les transformations observées à Paris. Et cela, nous ne devons pas l'oublier. Nous devons nous en souvenir comme d'un tournant historique et voir dans cette réussite le fait qu'une ville, et même une grande ville avec une circulation urbaine en continu, est à même de réaliser des changements alors que la plupart des experts diraient : « Non, cela n'est pas possible dans une grande ville avec une circulation qui ne cesse jamais. »

Paris nous a démontré que c'était possible, comme aucune autre grande ville n'a su le faire. La ville devient un laboratoire vivant pour les technologies urbaines gérant tous les systèmes qu'une ville nécessite – l'eau, les transports, la sécurité, les déchets, les bâtiments écologiques, l'énergie propre... La manière d'installer, d'expérimenter, de tester et de découvrir est en jeu avec cette nouvelle approche de la ville.

Cette transformation essentielle est un succès grâce au courage d'Anne Hidalgo et les apports du brillant innovateur qu'est Carlos Moreno. L'importance du travail réalisé à Paris est prouvée par le fait qu'un nombre exponentiel de villes cherchent actuellement à apprendre de l'exemple de Paris et sont déterminées à développer certains de ces changements. La « ville du quart d'heure » est devenue un modèle d'organisation prenant en compte ce qui fonctionne le mieux pour ses habitants. Ce qui fait toute la différence, c'est d'avoir pris en considération les besoins des habitants, plutôt que de s'être focalisé sur la question de la circulation.

Saskia SASSEN
Université de Columbia, New York

Remerciements

Ce livre est un voyage à travers le monde urbain. Il fait la synthèse de mes longues années de recherche produisant de nombreux écrits, conférences, entretiens, témoignages et récits.

« Le seul véritable voyage, le seul bain de Jouvence, ce ne serait pas d'aller vers de nouveaux paysages, mais d'avoir d'autres yeux[1] », écrivit Proust. J'ai livré ici ma vision, mes constats, mes propositions mais aussi des souvenirs, des sensations, des rappels de moments vécus. Cet ensemble fait partie de ma vie dans laquelle il est très difficile de discerner où elle s'arrête et où commence celle du chercheur, de l'homme passionné et curieux, du passeur de mondes que je suis.

C'est le moment de remercier celles et ceux sans les interventions, présences ou aide desquels ce livre n'aurait jamais existé. J'ai rencontré lors d'une interview David d'Equainville et j'ai été immédiatement séduit par sa culture, sa passion, qui venait rejoindre la mienne pour les villes, les territoires et aussi pour l'écriture. Il a été l'aiguillon, le déclencheur, celui qui a insisté pour que ce livre voie le jour. Il est devenu mon complice, un ami et un étroit collaborateur dans

1. Marcel Proust, *La Prisonnière* [1923], Gallimard, 1989.

cette aventure. Christine Devillepoix saura retrouver dans ces mots toute ma reconnaissance par son infatigable travail, en duo avec David, de relectrice m'apportant toujours des conseils avisés. Mon très cher ami Serge Orru, en m'amenant dans les lieux qu'il chérit en Corse, m'a procuré un magnifique environnement de calme et de concentration, qui avec la complicité d'une belle bande d'amis, Jérôme, Christophe, en particulier, m'ont permis d'écrire dans des conditions optimales. La bande « Ethos », avec Jean-François, Elsa, Laurence, Geneviève, a été toujours présente de cœur et d'esprit pour me soutenir. Dominique Alba avec qui les échanges sont toujours de qualité et joyeux. Mathilde et Juliette liront aussi ces quelques mots avec mes pensées pour elles, qui ont vu le texte se construire, et bien sûr les éditrices Muriel Beyer et Séverine Courtaud des Éditions de l'Observatoire. C'est un énorme plaisir de travailler avec elles. Culture, humanisme, convivialité, tous les ingrédients pour qu'un auteur travaille en confiance. Merci à elles !

Pour finir et elle saura aussi lire ma reconnaissance, Anne Hidalgo, maire de Paris, visionnaire, pionnière et engagée. Femme courageuse, pour qui mon amitié va de pair avec le plaisir de l'accompagner sur le terrain des idées pour continuer à transformer nos vies urbaines. Avec Johanna Rolland, Jean Rottner et François Rebsamen, ce sont des personnalités publiques auprès desquelles je me ressource et qui m'inspirent. En Colombie, à l'ancien maire de Medellín, mon ami Anibal Gaviria et son proche collaborateur, mon ami aussi, le brillant architecte et humaniste Jorge Pérez Jaramillo, avec qui nous partageons irréductiblement, l'amour des villes pour la vie. Mes collègues et amis, mes chers compagnons de la chaire ETI, de l'IAE de Paris I Université Panthéon-Sorbonne, Didier Chabaud, Florent Pratlong, Catherine Gall, pour leur patience et leur soutien permanent, en toute circonstance ; et enfin au directeur de l'IAE de Paris, mon ami Éric Lamarque.

La liste serait longue, mais je ne voudrais pas finir sans remercier ces intellectuels qui illuminent mon chemin, et c'est une chance de les connaître, le grand Edgar Morin quasi centenaire, penseur universel de la complexité, ainsi que Saskia Sassen et Richard Sennett, deux figures majeures, deux géants de la pensée sur nos vies, nos villes et nos territoires et qui sont engagés pour un monde meilleur.

À tous, toutes, merci !

Table

Composition et mise en pages
Nord Compo à Villeneuve-d'Ascq

Imprimé en France
par la Nouvelle Imprimerie Laballery
rue Louis Blériot 58500 Clamecy
octobre 2023 - N° 310513

La Nouvelle Imprimerie Laballery est titulaire de la marque Imprim'Vert®